SOCIÉTÉ HISTORIQUE ET ARCHÉOLOGIQUE DU PÉRIGORD

TABLE ANALYTIQUE

DES MATIÈRES CONTENUES DANS LES

BULLETINS DE 1874 A 1883,

PAR

A. DUJARRIC-DESCOMBES,

Membre de la Société.

PÉRIGUEUX

ANCIENNE IMPRIMERIE DUPONT ET Cie, LAPORTE, DIRECTEUR, RUE TAILLEFER.

1884

TABLE ANALYTIQUE

DES MATIÈRES

CONTENUES DANS LES BULLETINS DE 1874 A 1883.

A

ABJAT, paroisse.

IV. — Assises tenues par le prévôt de Nontron, 368.

V. — Vente de la paroisse au seigneur du Breuil, Dauphin Pastoureau, 119.

VI. — Documents concernant la justice, 150. — René d'Hautefort, seigneur, 474.

VII. — Rocs branlants, 194.

ABZAC (famille D').

VII. — Seigneurs de La Douze, Barrière, La Cropte, Vergt, Reillac, 121 ; — de Montastruc, Siorac, Domme, La Force, 123. — Jean, seigneur de Ladouze, 233. — Jean, commissaire d'Alain d'Albret, 347. — Acquisition de la châtellenie de Vernh, 372. — François, seigneur de Mayac, 490.

VIII. — Gantonnet, 100. — Laissez-passer délivré par Marchin au Mᵗ de La Douze, 469.

IX. — M. de La Douze sollicite l'abbaye de Chancelade, 353.

X. — Prélats, 72. — Inventaire des bijoux et meubles de Jeanne de Narbonne, dame de La Douze, 134. — Madame de La Douze, née de Las Tours, 231.

ABZAC (Guillaume-Joseph D'), évêque de St-Papoul.

X. — Notice, 72.

ABZAC DE LA DOUZE (Guillaume D'), protonotaire du Saint-Siège.

II. — Inhumé à la Cité de Périgueux, 447.

ABZAC DE LA DOUZE (marquis D'), membre de la Société archéologique du Périgord.

IV. — Pierre d'Abzac de La Douze, archevêque de Narbonne, 237.

V. — Rapport sur la lettre de Manuel de Fiesque publiée par M. Germain, de l'Institut, 224.

VI. — Analyse de la thèse de M. Clédat : *De fratre Salimbene et de ejus chronicæ auctoritate*, 427.

III. — Récit de l'assassinat du baron de Pardaillan et de la prise de Monheurt, 271.

AGEN, ville de Guyenne (Lot-et-Garonne).

III. — Invasion des croquants du Périgord, 388.

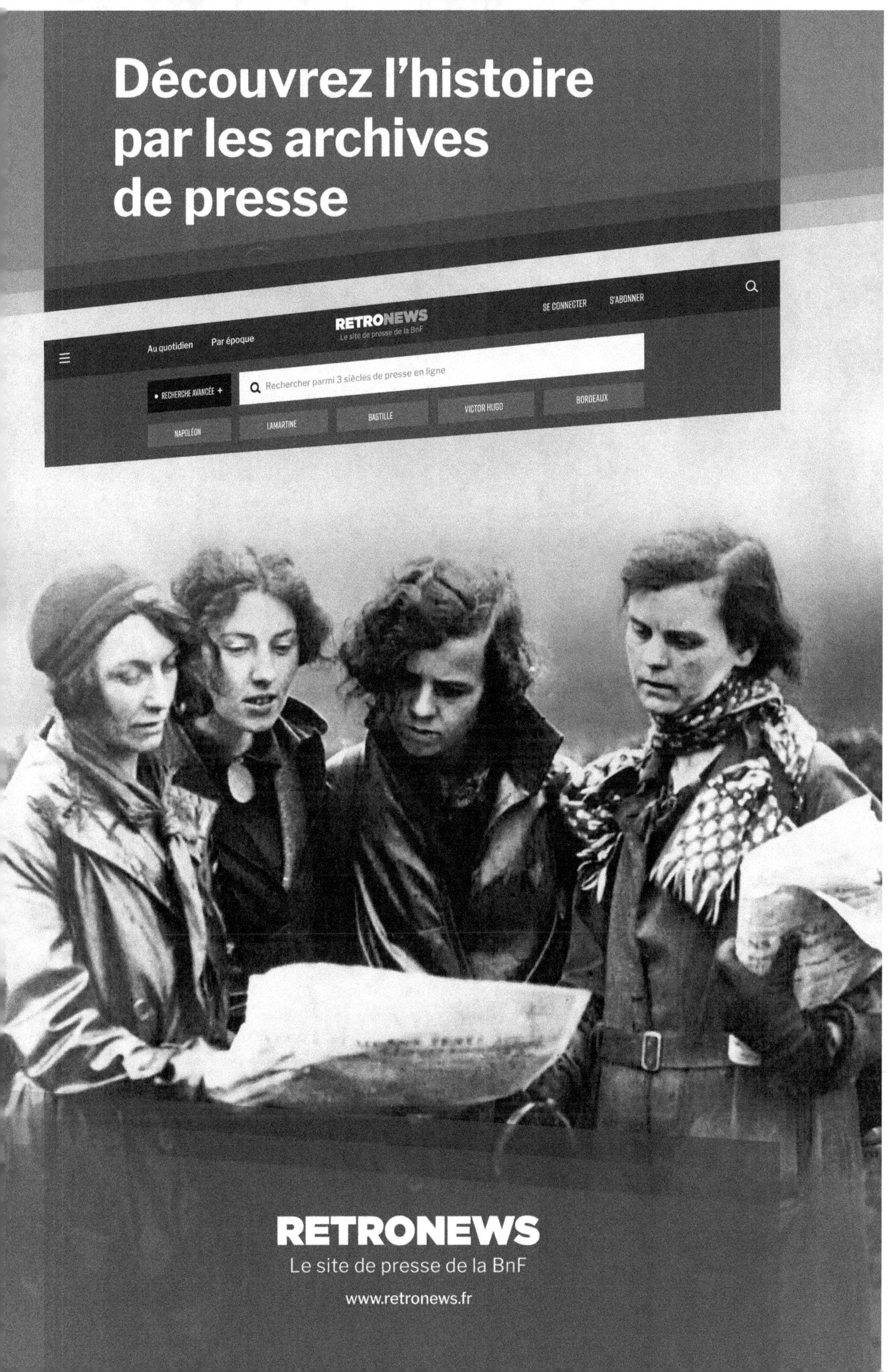

Découvrez l'histoire par les archives de presse

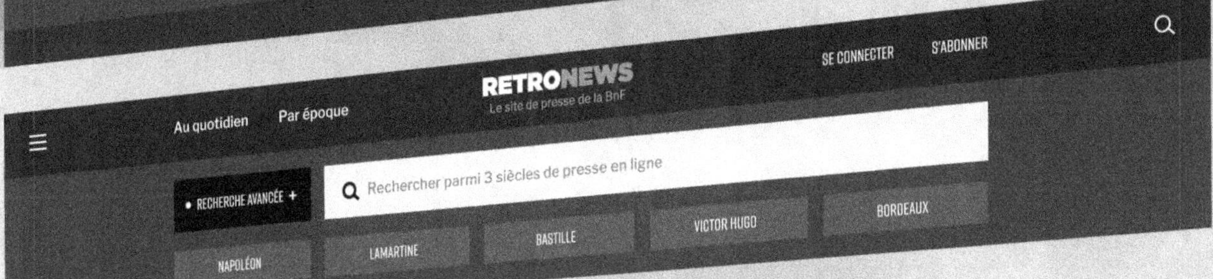

RETRONEWS

Le site de presse de la BnF

www.retronews.fr

IV. — Contestations, avec les évêques de Périgueux au sujet de la paroisse de Doëne, 344.

VII. — Monnaie des évêques, avec gravures, 45.

AGGUS, évêque de Périgueux.

X. — Vivait sous Clotaire, 131, 237 et 360.

AGONAC, paroisse.

III. — Châtellenie, 264.

IV. — Peyre-Levade, 52. — Construction du château, 158. — Aliénation du château, 159.

V. — Fief de La Salle, relevant de la châtellenie, 338.

VI. — Seigneurie à l'évêque de Périgueux, 150.

VII. — Notes archéologiques, 440.

IX. — Procès sur les limites, 217 et 559.

X. — Seigneurie de la famille de Chabans, 133. — Sceau de l'époque révolutionnaire, 350.

AÏSSÉ (Mlle), célèbre circassienne.

VI. — Détails biographiques, 414 et 481. — Le chevalier d'Aydie, 497·

AJTZ ou AIX (famille D').

V. — Seigneurs de Mesmin ou Meymy, 124. — Bertrand acquiert le château de la Cassagne, 247.

VI. — Nobles de la châtellenie d'Excideuil, 166.

ALBRET (sires D'), comtes de Périgord.

III, IV, V, VI. — Inventaire des archives des Basses-Pyrénées, *passim*.

VII. — *Ibid.* — Vente de la châtellenie de Vernh, 372. — Aliénation du fief de Maguac, 405. — Hommages à eux rendus, 489. — Seigneurie de Puynormand, 491.

VIII. — Aveu d'Alain de la terre de La tourblanche, 226.

IX. — Ville de Montignac, 331.

X. — Lettre de Jeanne aux consuls de Bergerac, 383.

ALESME DE MEYCOURBY (l'abbé D'), membre de la Société archéologique du Périgord.

VI. — Nécrologie, 425.

ALLEMANS, paroisse.

III. — Familles seigneuriales de Jaubert et Du Lau, 498.

IV. — Gisements préhistoriques, 94.

VII. — Pierre Bonnal, seigneur, 348.

ALQUIÉ (Savinien D'), auteur des *Délices de la France*.

X. — Extraits concernant le Périgord, 246.

AMELIN (Jean DE), littérateur sarladais.

VII. — *Concions et harengues de Tite-Live*, 108.

AMELOTE (le P.), oratorien.

III. — Auxiliaire de Mgr de Brandon, évêque de Périgueux, 314 et 317.

ANDRIVAUX, paroisse.

II. — Note historique, 243.

IV. — Don de l'église aux Templiers par Geoffroi de Cauze, évêque, 160.

IX. — *Ibid.*, 120.

X. — Commanderie, 343 et 471.

ANGOISSE, commune.

IV. — Dolmen, 49. — Notice historique, 187.

VI. — Droits de la dame de Château-Bouché sur la terre du Mas-Cessineau, 151.

ANGOULÊME, ville et diocèse.

IV. — Droit de prélation pour la terre de Bourzac, accordé par l'évêque, 275.

VI. — Relations avec le Périgord 107.

VII. — Antoine d'Estaing, évêque, 341.

VIII. — Rapports avec le Périgord, 104. — Notes historiques sur quelques fiefs du comté de Périgord relevant de l'évêché d'Angoulême, 150, 214, 364 et 437. — François de Péricard, évêque, 364 ; Benard de Rezay, 367.

IX. — St-Cybard, 298. — Raoul du Fou, évêque, 62 et 452.

X. — L'évêque Grimoard de Mucidan, 283. — Elie de Pons, évêque, 378.

ANNESSE-ET-BEAULIEU, commune.

IV. — Dolmen, 55.

VI. — Découvertes de débris fossiles, 384.

IX. — Sépulture des La Roche-Aymon, 556.

AXS, paroisse.

III. — Ferme des revenus, 262 et suiv. — Vente de partie au sieur de Marqueyssac, 287.

IV. — Note de M. de Mourcin, 208. — Dépend de la vicomté de Limoges, 368. — Montre des roturiers et arbalétriers de la châtellenie, 441. — Acensements faits par Alain d'Albret, 442.

V. — Jean-Louis d'Hautefort, seigneur, 297.

VI. — Forge ancienne, 75. — Rachat de la terre par le comte de Périgord, 151-2. — Héliot de Vilhac, capitaine, et cession de la terre, 154. — Fiefs dus à Alain d'Albret, 166.

ANTONNE, paroisse.

IV. — Trône du roi des chauses, 85 et 320. — Jacques de St-Astier, seigneur, 161.

V. — Trône du roi des chauses, 94. — Cluseau de Borie-Belet, 160 et 167 ; avec plan et dessin, notice, 307.

VI. — Silex, 33. — Hommage au vicomte de Limoges, 151.

VII. — Monuments et gisements de l'âge de la pierre, 197.

VIII. — Château de Lanmary, avec dessin, 159.

AQUITAINE, province de la Gaule.

II. — Sa composition, 385.

III. — Sa réunion à la couronne, 508.

IV. — Berceau de la poésie lyrique et dramatique, 128.

ARBELLOT (l'abbé), président de la Société archéologique du Limousin.

III. — Epitaphe d'un cardinal français à Rome, 35.

VII. — La vérité sur la blessure et la mort de Richard Cœur-de-Lion, 253.

ARCHAMBAUD, dernier comte de Périgord.

II. — Vente de ses biens, 257 et 263.

ARCHIGNAC, commune.

IV. — Monuments préhistoriques, 101. — Les croquants, 334.

ARLOT DE CUMOND (famille d').

II. — Droit de justice et domaine sur La Linde, 164.

III. — Seigneurie de Ste-Marie de Frugie, 138.

VII. — Seigneurie de St-Saud, 74.

X. — Acquisition de la justice de La Linde, 559.

ARLOT DE FRUGIE (famille d').

II. — Seigneurie de St-Pierre de Frugie, 400.

III. — Seigneurie de Ste-Marie de Frugie, 138.

V. — Legs de Jacques aux Récollets de Thiviers, 197.

VI. — Seigneurie de Firbeix, 265.

VII. — Seigneurie de La-Coussière-St-Saud, 71. — Acquisition des seigneuries de Cumont et Salleboeuf, 83.

ARLOT DE SAINT-SAUD (Aymar D'), membre de la Société archéologique du Périgord.

III. — Notice sur La Roche-Chalais, 159.

ARNAULT-LA-BORIE, historien du Périgord.

I. — Son mémoire sur les antiquités de Périgueux, 79.

II. — Sa signature sur un livre, 53 et 153.

III. — Perte de son ouvrage, 112.

IV. — *Ibid.*, 398 ; son testament, 399.

V. — Lettre d'un de ses descendants au sujet de son mémoire historique, 25.

IX. — Historien du Périgord, 72. — Notice sur sa vie et ses œuvres, 162. — Son testament, 486.

ARREBLAY (Jean D'), sénéchal du Périgord.

X. — Notes le concernant, 73.

ARREBLAY (Pierre D'), cardinal.

X. — Notice, 73.

ARTENSEC (famille D').

II. — Anoblie pour services durant la Fronde.

ARTENSET (Gabrielle D'), veuve Raynal, fondatrice du couvent de La Linde.

X. — Détails biographiques, 195.

ASSIDE (Jean D'), évêque de Périgueux.

II. — Sa sépulture à la Cité, 118 et 248.

IV. — Notice du P. Labbe, 160.

VI. — Son tombeau, 380.

VII. — Son sceau, 272.

IX. — Son tombeau, 123.

ATUR, paroisse.

III. — Lanterne des morts, 379.

IV. — Monument préhistorique, 56.

X. — Photographies de la Lanterne et du château du Breuil, 351.

AUBAS, commune.

IV. — Gisements préhistoriques, 98.

V. — Gisements et stations préhistoriques, 386, 400, 402.

VII. — Fragments gallo-romains, 30. — Silex taillés, 198.

AUBEROCHE, paroisse.

III. — Ferme des revenus du domaine, 262, et suiv. — Maisons nobles de la juridiction, 269. — Rentes dues au roi de Navarre, 271.

IV. — Station préhistorique, 72. — Construction du château, 158. — Aliénation du château, 159. — Notes de M. de Mourcin, 206. — Station préhistorique, 234 — Au comte de Périgord, 368. — Montre des roturiers et arbalétriers de la châtellenie, 441. — Frais du siège de la forteresse, 441.

V. — Arrêt sur le droit de guet des habitants, 129.

VI. — Vente du château au cardinal de Périgord, 153.

VIII. — Peintures murales de la chapelle, 196.

AUBEROCHE (Guillaume D'), évêque de Périgueux.

IV. — Notice du P. Labbe, 159. —

Suzerain de la terre de Lisle, 266.

V. — Son sceau, 378.

VI. — Chartes concernant les églises de Montpeyroux, St-Martin de Bergerac, et Ste-Eulalie, 226-9.

VII. — Donne Beauronne aux Chanceladais, 378.

IX. — Notes le concernant, 117.

X. — Restaure St-Front, 70. — Notice, 74.

AUBEROCHE (Raymond D'), évêque de Périgueux.

X. — Notice, 75.

AUBETERRE (famille Bouchard D').

III. — David, tué à Lisle, 408.

IV. — Le même sénéchal et gouverneur du Périgord, 117.

VIII. — Notes généalogiques, 471. — Etablissement de Minimes, 482.

X. — Note la concernant, 197.

AUBETERRE (Guy Bouchard D'), évêque de Périgueux.

I. — Pancarte du diocèse de Périgueux, 341.

III. — Ibid., 232.

VIII. — Souche de la branche des Bouchard des Plassons, 471.

IX. — Son apostasie, 275.

X. — Notice, 197.

AUBETERRE, ville.

I. — Liste des abbés, 260.

VI. — Donation de la châtellenie par le vicomte de Castillon à son gendre, 153.

VII. — J.-B. Bardon de Segonzac, abbé de St-Sauveur, 258.

VIII. — François de Chabans, abbé de St-Sauveur, 455. — Notes sur les seigneurs, 471. — Les Minimes, 482.

X. — Charles Anisson, commandeur de St-Antoine, 352. — Les huguenots, 461.

AUBRAC, hôpital du Rouergue.

IX. — Union à Chancelade, 360.

AUBUSSON (famille D').

II. — Etait bien en cour, 83. — Sa statue de Louis XIV, 91.

V. — Annet, seigneur de Villac, 124,

VI. — Jean, ibid., 155 ; — Gui, ibid. 157.

VII. — Gui, 505.

VIII. — Fief de La Vallade, 505.

IX. — Quittance au sieur Labat, 436.

X. — Prélats, 197 et 372. — Acquisition de la justice de La Linde, 557.

AUBUSSON (Antoine D'), évêque de Bethléem.

X. — Notice, 373.

AUBUSSON (Georges D'), évêque de Metz.

X. — Notice, 373.

AUBUSSON (Guiscard D'), évêque de Carcassonne.

X. — Notice, 197.

AUBUSSON (Hugues et Louis D'), évêques de Tulle.

X. — Notices, 373.

AUBUSSON (Pierre D'), cardinal.

X. — Notice, 372.

AUDIERNE (l'abbé), inspecteur des monuments historiques de la Dordogne.

IX. — Réimpression du P. Dupuy, 271.

AUDOYNAUD, peintre-verrier.

II. — Notice, 54.

V. — Sa mort, 86. — Nécrologie, 150.

AUDRIX, archiprêtré.

I. — Eglises en dépendant, 378.

IV. — Gisements préhistoriques, 100.

AUGIGNAC, paroisse.

V. — Vente à Dauphin Pastoureau, seigneur du Breuil, 119.

VI. — Famille seigneuriale du Faure, 62. — Assises tenues par les officiers du vicomte de Limoges, 150. — Portail de l'église, 464.

VII. — Menhir, 195.

IX. — Document, 321.

AURIAC, paroisse.

VI. — Droits du comte de Périgord, 153-4.

AUTUN, ville.

V. — Histoire de son collège, 298.

X. — L'évêque Talleyrand-Périgord, 495.

AYDIE (famille D').

II. — Terre de Vaugoubert, 328.

III. — Seigneurs de Ribérac et Montagrier, 48 et 69. — Seigneurs de Montcuq, 266 ; de Carlux, 498.

IV. — Odet, sénéchal de Carcassonne, 140.

VI. — Château de Bernardières, 67. — Seigneurie de Lambertie, 312. — Lettre de M le Mis de Ste-Aulaire, 347 et suiv. — Détails historiques, 412. — Gabrielle, héritière de Ribérac, dame de Rastignac, 476. — Généalogie, 493.

VII. — Odet, seigneur de Ribérac, 219. — François, seigneur de Ribérac et Montcuq, 235. — Odet, 334. — Guy, seigneur des Bernardières, 456.

VIII. — François, vicomte de Ribérac, 164. — Armand et Guy, 171. — Armand, commandant du régiment de Ribérac, 273. — Seigneurie de Bernardières, 355. —

Charles, seigneur de Monbazillac, 359.

X. — Arnaud, seigneur de Vaugoubert, 73. — Prélats, 75.

AYDIE (Arnaud-Guillaume D'), évêque d'Aire.

X. — Notice, 75.

AYDIE (comte D'), vice-roi de Castille.

VI. — Notice historique, 496.

AYDIE (Guy D'), évêque de Sarlat.

X. — Notice, 75.

AYDIE (l'abbé François-Odet D'), aumônier de Louis XV.

VI. — Sa biographie, 412 et 480.

VII. — Documents supplémentaires, 210.

AYDIE (vicomte D'), chevalier de Ribérac.

VI. — Détails biographiques, 498.

B

BACHELIER (Nicolas), statuaire toulousain.

X. — Ses œuvres, 500.

BADEFOL-D'ANS, paroisse.

II. — Les chapelles, 66.

III. — Mémoire concernant la seigneurie, 263. — Vente à Gaultier, 268.

IV. — Eglise, 229.

V. — Vente de la paroisse à Marguerite de Pompadour, 119.

VI. — Enquête au sujet de la justice, 154. — Echange de la seigneurie contre le fief de Pauillac, 155.

X. — Famille de Bonneguise, 201.

BADEFOL-DE-CADOUIN, paroisse.

II. — Registre censier de la seigneurie, 71.

IV. — Vente de la seigneurie, 140.

IX. — De la sépulture des Gontauts-Biron, 157.

X. — Château, 224. — Armand de Gontaud, 381. — Différend entre

le seigneur et les consuls de La Linde, 398. — Protestantisme, 416.

BALTHAZAR (colonel), homme de guerre à la solde des princes.

   III. — Guerres en Périgord, 55 et 59.

BALUZE (Etienne), historien.

   V. — Lettre au chanoine de Gérard-Latour, 274. — Lettre du R. P. Frizon, 329.

   VI. — Voyage à Toulouse avec le chanoine de Gérard, 338.

   VII. — Lettre du chanoine de Gérard, 58.

   VIII. — *Ibid.*, 258.

BANEUIL, commune.

   IV. — Gisements préhistoriques, 45.

   X. — Rapports avec La Linde, 528.

BARBANCEY (Dr), membre de la Société archéologique du Périgord.

   VIII. — Droit de pêche de la chartreuse de Vauclaire, 445.

BARDOU, commune.

   IV. — Silex, 44.

   V. — Raymond de Loupiat, seigneur, 124.

BARDY-DELISLE (docteur), membre de la Société archéologique du Périgord.

   V. — Nécrologie, 151.

BAREAU (A.), membre de la Société archéologique du Périgord.

   IX. — Un fort vitrifié en Périgord, 53.

BARNABÉ (famille DE).

   IX. — Chapelle à St-Front, 556.

BARRÈRE (l'abbé), chanoine honoraire d'Agen.

   III. — Invasion des croquants du Périgord dans l'Agenais, vers la fin du XVIᵉ siècle, 388.

BARS, paroisse.

VI. — Donation de la seigneurie au comte de Périgord, 155. — Rachat par Amanieu de Foix, évêque de Carcassonne, 164.

BASSAC (ou Ste-Marie), ancienne paroisse.

   V. — Note de M. de Mourcin, 82.

BASSILLAC, commune.

   IV. — Gisement préhistorique, 56. — Construction du château, 158.

   V. — Famille seigneuriale de Bodin, 91.

   VI. — Procès entre le comte et l'évêque, au sujet de la justice, 155.

   VIII. — Reconnaissance de rente au sieur de Leymarie, 113.

   X. — Station de Goudaud, 248 et 251.

BAUDET (famille DE).

   II. — Maison noble de La Linde, 156.

   X. — Arnault, maire, 323 et 417. — Cloche de Bourniquel, 647.

BAUDOT DE JULLY, subdélégué de Sarlat.

   VIII. — Livre et correspondance, 385.

BAUZENS, ancienne paroisse.

   VIII. — Notes archéologiques, 178.

BAYAC (commune de).

   I. — Découverte de tombeaux, 72.

BAYLY (famille de).

   III. — Seigneurs de Razac, 483 ; de St-Apre, 486.

   V. — Poncet, seigneur de Razac, 124.

   VI. — Hugues, lieutenant-général du sénéchal de Périgord, 322.

   VII. — Le même fait procès-verbal du pont de Bergerac, 306.

   IX. — Armoiries à une chapelle de St-Front, 555.

BAYNAC et BEYNAC (famille DE).

   V. — Pons, sénéchal du Périgord,

253. — Seigneuries de La Marthonie et de Bruzac, 352 et 430.

VI. — Donation au collège de Bergerac, 156. — Château de Baynac, 369.

VII. — Sceau de Galhard de Beynac, 102. — Pons, 124. — Fondation du collège de Bergerac, 324. — Hommages au roi de Navarre, 348.

VIII. — Gaillard bâtit le couvent de St-François à Sarlat, 205. — Fief de La Vallade, 505.

X. — Geoffroy, 381. — Violation du sépulcre de la famille, 586.

BEAUDEAU (l'abbé), chanceladais.

IX. — Ses écrits, 76.

X. — Notes biographiques, 203.

BEAUFORT (famille DE).

X. — Note sur ses illustrations, 497.

BEAUFORT (Jay DE), capitaine de Henri IV.

IV. — Lettres du roi, 31.

VIII. — Lettres royales, 521.

BEAUMÉNIL, comédien archéologue.

II. — Les antiquités de Périgueux, 367.

BEAUMONT (famille DE).

V. — Seigneurs du Bas-Bruzac, 352 ; et de La Marthonie, 430.

X. — Prélats, 198 et 374.

BEAUMONT (Christophe DE), archevêque de Paris.

I. — Lettre inédite au sujet d'une demande du curé de St-Front, 335.

IV. — Legs de madame de Chassarel, sa marraine, 230.

VII. — Lettre avec cachet, 102.

IX. — Chapelle à Paris, 203.

X. — Notice, 198. — Biographie,

468 et 566. — Lettres inédites, 579.

BEAUMONT (François DE), évêque de Tulle.

X. — Notice, 374.

BEAUMONT, paroisse.

III. — Malencontreuse restauration de l'église, 30. — Allée couverte de Blanc, avec dessins, 408.

IV. — Monuments de l'époque antéhistorique dans la commune et le canton, 41.

V. — Les Anglais, 327.

BEAUPOUYET, paroisse.

VII. — Revenus du comte de Périgord, 334.

BEAUREGARD (P. DE), chanoine régulier de Chancelade.

IX. — Notes biographiques, 505.

BEAUREGARD, commune (canton de Terrasson).

I. — Monnaies des XIIIe et XIVe siècles, 144.

III. — Libertés et coutumes accordées par le roi Edouard, 22 et 169. — Pièces anglo-aquitanniques, 194.

IV. — Gisements préhistoriques, 102.

VI. — Donation du bailliage à Lambert Boniface, etc., 155.

VII. — Biens de mainmorte, 241. — Notes de voyages, 508.

X. — Abri sous roche de Badegoule, 144.

BEAUREGARD, commune (canton de Villamblard).

V. — Notes de M. de Mourcin, 83.

BEAURONNE, paroisse.

VI. — Hommage rendu au comte de Périgord, 155.

VII. — Géode, 189. — Réunion de l'église à Chancelade, 378.

IX. — L'abbé de Chancelade se plaint

de la multiplicité des cabarets, 37.
— Réunion à Chancelade, 120.

BEAUSSAC, commune.

IV. — Station néolithique, 50.

VI. — Maison noble de Bélussières à Forton-Fourien, 158. — Curiosités archéologiques, 184.

VII. — Découvertes préhistoriques, 361.

BEAUVAU (Mᵍʳ DE), évêque de Sarlat.

II. — Requête de la paroisse de Chavagnac, 232.

III. — Journal contenant les événements de son épiscopat, 198.

BECKET (Thomas), archevêque de Cantorbéry.

II. — Honoré dans l'église de Saint-Martin-de-Limeuil, 301.

BELEYMAS, paroisse.

III. — Château de Montaut, ruines, 371.

IV. — Monuments préhistoriques, 47.

V. — Bourse géode, 161.

BELLANGER (Justin), membre de la Société philotechnique.

VI. — M. Dujarric-Descombes, correspondant de la Société philotechnique, 364.

BELLEFOREST, polygraphe.

I... — Sa Cosmographie, 191.

IX. — *Ibid.*, 177.

BELVÈS, paroisse.

IV. — Notes de M. de Mourcin, 67-8. — Monuments préhistoriques de la commune et du canton, 94.

V. — Camp de César, 88. — Guillaume d'Aimoin, chevalier, 326.

VII. — Projet de bibliothèque publique, 276.

VIII. — Anciennes écoles, 485.

IX. — Camp de César, 323.

X. — Rapports avec La Linde, 530.

BELZUNCE, évêque de Marseille.

V. — Son dévouement pendant la peste, 303. — Lettre, 373.

VII. — Estampe, 38. — Son lieu d'origine, 108. — Sa naissance au château de La Force, 274.

VIII. — Né protestant, 190.

X. — Notice, 199. — Sa naissance, 567.

BERGERAC, fief près Chevreuse.

II. — Cyrano en a pris le nom, 20 et 33. — *Id.*, 278.

BERGERAC, ville, sous-préfecture et arrondissement.

I. — Ancien plan de la ville, 93. — Restauration des tours de Malbec et du pont sur la Dordogne (1394), 107-123. — Livre de vie, 155. — Est étrangère au nom de l'écrivain Cyrano, 226. — Prieurs du couvent des Frères Prêcheurs, 261. — Prieurs de Saint-Martin, 262. — Les Dames de la Foi, 302. — Mission de Récollets, 303.

II. — Regnault de Pons, sire de Bergerac, 72. — Notes sur l'histoire de la ville (xvₑ siècle), 93. — Inventaire de la maladrerie, 111. — Inventaire des meubles de l'hôpital, 113. — Afferme des droits du verrouil du prieuré de Saint-Martin, 183. — Jurade relative à l'introduction de la Réforme, 241.

III. — Prise par les protestants, 237. — Assemblée de Croquants, 389. — Achat de vin, soufre et pétards pour le roi de Navarre, 434. — Fortifications et garni-

son, 435. — Entretien du collège, 436. — États de Périgord, 451.

IV. — Monuments préhistoriques de la commune et du canton, 42. — Statuts et coutumes, 63. — Imprimerie de Gilbert Vernoy, 83. — Donation par Charles V, 136. — Testament d'Hélie Rudel, seigneur, et de dame Mathe d'Albret, 136. — Procès touchant la seigneurie, 137. — Dame Marguerite de Turenne, 140. — Dame Isabelle de Lévis, 141. — Droits de Jean de Bretagne, 143. — Livres protestants imprimés, 151. — Débuts du protestantisme, 247. Les Croquants, 332. — Donation à Mathe d'Albret par Bélie Rudel, son mari et autres titres, 366. — Au comte de Périgord. 368. — Procès contre ce dernier au sujet de la justice, 377. — Échange de la terre de Bergerac avec Charles V, 382.

VI. — Donation du château et cession de la ville, 156. — Charte concernant l'église Saint-Martin, 227, et autres, 230. — Procès au sujet de la chapelle du château, 231. — Bulle d'Urbain III au sujet des églises St-Martin et St-Jacques, 233. — Notes sur l'histoire, 281. — Notes sur l'histoire, pont de Dordogne, 319 et 391.

VII. — Notes et documents inédits relatifs aux institutions de la ville avant 1789, 126, 306 et 467. — Prise par les Anglais, 181. — Monuments et gisements de l'âge de la pierre dans l'arrondisse-

ment, 192. — Projet de bibliothèque publique, 276. — Seigneurie abandonnée au roi, 346. — Jean Thibaut, archidiacre, 347. — Documents sur la seigneurie, 489 et suivantes.

VIII. — Rétablissement de la religion catholique et ouvrages calvinistes, 107-8. — Château gaulois à Laryberie, 452. — Aperçu de l'instruction publique avant 1789, 484. — La Réforme, 262. — Mission des Récollets, 269. — Diverses pièces, 321.

X. — Ancienne description, 246. — Lettres relatives aux guerres de religion, 284. — Inscription du moulin du Figuier, 353. — Lettres de Catherine de Navarre relatives au collège, 380. — Ravages de la peste, 393. — Procès avec La Linde, 394. — Protestantisme, 416. — Stations préhistoriques, 467. — Fête de la fédération, 538. — Conversion du ministre Cellette, 575.

BERNADAU, écrivain bordelais.

IX. — Note manuscrite sur le P. Dupuy, 276.

BERNARD (Saint), docteur de l'Église.

VIII. — Sermons manuscrits, 187 et 468. — Passage à Sarlat, 484.

IX. — Description des sermons manuscrits, 89. — Article sur un nouveau manuscrit de ses sermons français, 111.

BERNARET (chanoine René), vice-président de la Société archéologique du Périgord.

I. — Tenue des États-Généraux à Périgueux en 1649, 211. — Entrée

de Mᵍʳ Philibert de Brandon, évêque de Périgueux, 213. — Organisation des deux diocèses du Périgord, 341.

II. — Découverte faite en 1875 des ossements de plusieurs évêques de Périgueux, ensevelis dans le chapitre de St-Front, 115. — Papiers relatifs à l'histoire du Périgord, 256. — Inscriptions de l'église de St-Martin de Limeuil, 298. — Liste d'ouvrages à consulter pour l'histoire générale du Périgord, 449.

III. — Organisation des deux diocèses du Périgord (suite), 226. — Nécrologie, 437 et 445 — Notice sur l'église de Jumilhac, 468.

VI. — Notes sur les lanternes des morts, 410.

BERON (famille DE).

III. — Fief d'Oche, 145.

V. — Repaire de La Salle, 338.

BERSAC, ancienne paroisse.

I. — Inscription de sa cloche, 144. — Sa chapelle, 216.

VI. — Procès touchant les limites, 157.

VII. — Biens de mainmorte, 241. — Fiefs et biens nobles, 245. — Procès touchant la juridiction, 505. — Notes de voyages, 509.

BERTIER (David-Nicolas DE), évêque de Blois.

X. — Notice, 375.

BERTIER (Pierre DE), évêque de Montauban.

X. — Notice, 375.

BERTIER (DE), trois évêques de Rieux.

X. — Notices, 374.

BERTIN (DE), évêque de Vannes.

VIII. — Son tombeau, 102.

X. — *Ibid.* 45. — Notice, 200.

BERTIN, ministre de Louis XV.

IV. — Sceau de sa justice de Belisle, avec dessin, 134.

V. — Sa sœur introduit en Périgord la pomme de terre, 146. — Son amour du pays natal, 147. — Dédicace d'une thèse, 167.

VIII. — Projet de biographie, 301. — Epître dédicatoire par dom de Vaines ; — Lettre à l'intendant de Bayonne, 460.

IX. — Recherches sur l'histoire de France, 182. — Lettres autographes, 305. — Encourage les recherches historiques, 510. — Envoi de tapisseries en Chine, 532.

BERTRAND, évêque de Périgueux.

VI. — Procès avec le comte de Périgord, Hélie VII, 150.

BERTRIC, paroisse.

III. — Hommage au roi de Navarre, 263.

IV. — Vente de rentes par Aymeri de Pons, 160.

VIII. — Passe aux Ste-Aulaire, 169. — Antoine de Ste-Aulaire, seigneur, 357.

BESSE, commune.

IV. — Curiosités archéologiques, 67. — Notice, 80. — Gisements préhistoriques, 104.

V. — Essai historique, 278.

BEYNAC et CAZENAC, commune.

IV. — Silex, 101. — Jean-Olivier Bégon, seigneur, 373.

VI. — Château de Beynac, 369.

IX. — État de l'église de Beynac, en 1594, 379.

X. — Château, 465. – Droits de péage, 476.

BIGUBROQUE, châtellenie.

IX. — Imposition levée par Henri IV, 202.

BIRAN (Elie Gontier DE), membre de la Société archéologique du Périgord.

II. — Afferme des droits du verrouil du prieuré de St-Martin de Bergerac, 183.

III. — Coutumes de la ville d'Issigeac, 396.

IV. — Soulèvement des Croquants en Périgord, 325.

VII. — Notes et documents inédits relatifs aux institutions de la ville de Bergerac avant 1789, 126, 306 et 467.

VIII. — Le Périgord, chanson, 89. — Officier d'académie, 394.

IX. — *Fleurs éparses*, poésies, 29.

BIRAS, paroisse.

X. — Possession des Templiers, 472.

BIRON (Armand de Gontaut DE), évêque de Sarlat.

II. — Son sceau en bronze, 141.

V. — Recteur de Besse, 283.

VI. — Procès touchant les juridictions de Sarlat et Beynac, 339.

BIRON (Armand de Gontaut DE), maréchal de France.

II — Ses guerres, 76.

V. — Lettre à Henri IV, 373.

BIRON, paroisse.

II. — Verrerie, 286.

III. — Cartulaire, 116. — Une verrerie, 499.

IV. — Dolmen, 46. — Incendie au château, 78. — Famille de Gon-

taut, seigneurs, 144. — Hommage du château, 367.

V. — Chapitre fondé par les seigneurs, 283.

VI. — Hommage au seigneur de Bergerac, 157. — Donation de la seigneurie, 157.

VII. — Chapelle du château, 469.

VIII. — Incendie de la tour de l'horloge du château, 520.

IX. — De la sépulture des Gontauts-Biron, 150. — État de l'église en 1594, 379.

BLEYNIE, membre de la Société archéologique du Périgord.

V. — De l'influence du milieu sur les matières de plomb employées dans l'antiquité, 152.

VI. — Mémoire sur des os d'un buffle d'une espèce éteinte ou émigrée, associée à l'homme dans la station préhistorique de Laugerie-Basse, avec dessins, 203.

VIII. — Recherches et observations sur les terrains quaternaires de la vallée de l'Isle, avec planche, 55.

BLIS, ancienne paroisse.

IV. — Notes de M. de Mourcin, 207.

BODIN (DE), libérateur de Périgueux.

I. — Tableau commémoratif, 251. — Son écusson à placer sur la tour Mataguerre, 319.

II. — Son portrait, 26. — Son nom donné à une rue de Périgueux, 204.

III. — Défaite de Chanlost et prise de Périgueux, 53.

IV. — Autorisation de célébrer la messe au château de La Roudetie, 361.

V. — Terre et seigneurie de St-Laurent à ses descendants, 91.

BOISSE, commune.

IV. — Dolmen, 44.

BOISSEUIL (famille DE).

IV. — Seigneurs de Magnac et Lenty,
paroisse de Sarlande, 182.

BOLLAND (P.), jésuite.

IV. — Lettre au chanoine de Gérard,
152 et 218. — Ses correspondants,
250.

BONALD (Pierre et Jean DE), évêques de
Rieux et Bazas.

X. — Notices, 200-1.

BONNEGUISE (Jean DE), évêque d'Arras.

X. — Notice, 201.

BONNEVAL (famille DE).

IV. — Terre de Nanthiat, 193.

V. — Seigneurie de Bruzac, 351 ; de
La Marthonie et de St-Jean-de-
Côle, 429.

BONNEVAL (Foucaud DE), évêque de Périgueux.

I. — Assemble les bénéficiers de
son diocèse, 379.

III. — Hommage au roi de Navarre,
263.

VIII. — Aqueduc, 36.

BORDAS, ancienne paroisse.

V. — Note de M. de Mourcin, 83.

VIII. — Note de M. Gueydon de Dives, 452.

BORDEAUX (ville de).

I. — Son académie fondée et illus-
trée par des Périgourdins, 35-6.

IV. — Entrée du duc de Richelieu,
gouverneur de Guienne, 32.

VI. — Procès de Lagrange-Chancel,
devant le Parlement, 81. — François de Sourdis, archevêque, 143.
— Aimar de Ranconnet y serait

né, 409. — Piliers de tutelle,
452.

X. — Philippe de Chamberlhac, archevêque, 375. — Raymond de
Mareuil, archevêque, 376. — Boson et Hélie de Salignac, archevêques, 489.

BORN (Bertrand DE), troubadour.

IV. — Seigneur de Hautefort, 317 et
372.

V. — Poète et guerrier, 301. — Son
génie et son patriotisme, 360.

VII. — Accord avec le vicomte de
Limoges, 336.

VIII. — Son rôle historique, 68.

BORN, paroisse.

III. — Rentes dues au roi de Navarre, 271.

IV. — Dolmen, 41.

IX. — Réunion à Chancelade, 120.

BORRÈZE, commune.

IV. — Monument préhistorique, 101.
— Les Croquants, 334.

BOSCHAUD, ancienne abbaye.

I. — Liste des abbés, 263.

VIII. — Charles de La Marthonie, 355.

BOSON (Martin), évêque de Périgueux.

IV. — Notice du P. Labbe, 138.

BOSREDON (Philippe DE), vice-président
de la Société archéologique du
Périgord.

I. — Lettre sur l'histoire du Périgord, 215. — Liste des abbés qui
ont gouverné les anciennes abbayes de la province, 260.

II. — Documents concernant la commune de Chavagnac, 207. —
Note sur les États du Périgord,
298.

IV. — Nomenclature des monuments
et gisements de l'époque anté-

historique dans la Dordogne, 34 et 92.

V. — Les ducs de Guise et leur époque, étude historique sur le xviᵉ siècle, par M. Forneron, 286.

VI. — Remarques sur l'auteur prétendu de l'opéra de *Jephté*, 189.

VII. — Nomenclature des monuments et gisements de l'âge de la pierre, 191. — Récompense par l'Académie des Inscriptions et Belles-Lettres, 355.

IX. — Sceau de la confédération de la sénéchaussée de Sarlat, avec dessin, 513. — Sigillographie du Périgord, 523.

X. — Supplément à la Sigillographie du Périgord, 110. — Don au Musée départemental de sceaux périgourdins, 242.

BOUCICAUT, maréchal de France.
II. — Commissaire chargé d'assurer en Périgord le traité de Brétigny, 374.

BOUILLAC, commune.
IV. — Dolmens, 43.

BOUILLON (Pierre), peintre.
I. — Ses travaux, 146.
VII. — Un de ses tableaux, 273.

BOULAZAC, paroisse.
III. — Son église, 509.
IV. — Hallebarde en fer du xvᵉ siècle, 154.

BOULLE, membre de la Société archéologique du Périgord.
II. — Remarquables photographies obtenues par lui, 195.

BOUNIAGUES, paroisse.
I. — Archiprêtré, églises en dépendant, 386.

BOUQUIER, conventionnel.
III. — Rapport sur la restauration des tableaux du Muséum, 455.
IV. — Plan de la grotte de Miremont, 72.

BOURDEILLE (famille DE).
III. — Deux gentilshommes tués au service du roi, 43.
IV. — François, évêque de Périgueux, 117; suzerain de Lisle, 267. — Pierre, sénéchal de Sarlat, 347. — Hommage au comte de Périgord pour la maison de Boquinières, 364. — Arnaud, sénéchal de Périgord, 433.

V. — Archambaud, seigneur de Montancéix, 118. — François, *id.*, 124. — François, gouverneur du Périgord, 164. — Marguerite, femme de Jean B. de Ste Aulaire, 379.

VI. — Château de Bernardières, 67. — Acquisition par François de la châtellenie de Bourdeilles, 158.
VII. — François, 121. — Seigneurs de Montancéix, 234. — Condamnation de Boson, 505.

VIII. — Archambaud, seigneur de Latourblanche, 155. — Réponse à l'évêque d'Angoulême, 157. — Inventaire des bijoux de Jeanne, dame de Ste-Aulaire, avec détails sur sa famille, 159 et 232. — Archambaud, 223. — Arnauld, 224. — Henri, sénéchal, 457.

IX. — Rapports avec l'abbaye de Chancelade, 135. — François, évêque de Périgueux, 223.

X. — Prélats 202.

BOURDEILLE (Elie DE), cardinal-archevêque de Tours.

X. — Notice, 202.

BOURDEILLE (François DE), évêque de Périgueux.

IV. — Suzerain de Lisle, 117 et 267.

IX. — Note le concernant, 223.

X. — Notice, 202.

BOURDEILLE (Henri-Joseph-Claude DE), évêque de Soissons.

X. — Notice, 202.

BOURDEILLES, commune.

IV. — Monuments préhistoriques, 52. — Dépend du comte de Périgord, 368. — Hélie, seigneur, 375.

VI. — Documents sur le château et la terre, 158.

VII. — François de Bourdeille, 121. — Gérard de Maulmont, seigneur en partie, 453.

VIII. — Archambaud, seigneur, 155. — De Bertin, comte, 301.

IX. — Guillaume, seigneur, donne ses biens à Chancelade, 127.

X. — Grotte du Pey-de-l'Aze, 144. — Monographie du château, 236.

BOURDEIX, commune.

VI. — Forge d'Etouars, 75. — Guy Hélie, seigneur, 303.

BOURG-DES-MAISONS, paroisse.

VI. — Prieuré de Feix, 107.

VIII. — Documents la concernant, 437. — Repaire de Tenteilhac, 490.

X. — Seigneurs du Reclaud, 472.

BOURNIQUEL, paroisse.

IV. — Silex, 41.

IX. — Station préhistorique, 307 et 314.

X. — Deux tumuli, 35. — Station solutréenne de Jean-Blanc, 148. — Ravages de la peste, 393. —

Rapports avec La Linde, 513 et 528. — Notice historique, 644.

BOURROU, paroisse.

IV. — Notes de M. de Mourcin, 448.

BOUSSIER (DE), capitaine.

IX. — Gouverneur de Montignac, 348.

BOUTIN (DE), intendant de Guyenne.

IV. — S'intéresse à la navigation du Drot, 61.

BOYER (dom), bénédictin.

IX. — Voyages en Périgord, 51.

BOYSSET (André), imprimeur à Bergerac.

IV. — La main et la bouche du communiant, 151.

BOYSSON (R. DE), membre de la Société archéologique du Périgord.

X. — Histoire de l'ordre de Malte dans le grand prieuré de Toulouse, par A. du Bourg, 341.

BRACHET DE LA MENUSE, membre de la Société archéologique du Périgord.

VI. — Nécrologie, 172.

BRANDON (Philibert DE), évêque de Périgueux.

I. — Ami de St-Vincent-de-Paul, 168. — Son entrée à Périgueux et son premier synode, 213.

III. — Deux lettres inédites, 314.

IV. — Autorisation de célébrer la messe au château de La Roudelie, 361.

VIII. — Son sceau, 43.

BRANTÔME (Pierre de Bourdeille, abbé DE).

I. — Ses poésies, 34. — Son abbaye, 265.

II. — Livre de Mélancthon lui ayant appartenu, 54. — Le P. Romme,

bénédictin, 90. — Un de ses portraits, 188.

III. — Lettre inédite, 43.

V. — Son portrait authentique, 380.

VI. — Son château de Richemont, 99. — Son portrait, 282. — Poésies inédites, 444. — Autographes, 451.

VII — La chanson de Marie Stuart, 28 et 40. — Le château de Richemont et sa chapelle, avec portrait de Brantôme, dessin de la chapelle et fac-simile de l'épitaphe, 200.

VIII. — Poésies inédites, 107 et 227. — Portrait, 270.

IX. — Portrait peint, 201.

X. — Portraits, 34.

BRANTÔME, ville et paroisse.

I. — Liste des abbés, 264.

II. — Louis Le Prestre, abbé, 84. — Extrait des privilèges de la ville, 441.

III. — Pierre Petit, abbé, 42. — Lettre inédite de Pierre de Bourdeille, abbé, 43. — Documents sur l'abbaye, 310. — Monitoire adressé par l'évêque Le Boux à Guillaume Joussen, vicaire perpétuel, 410. — Droit de préséance aux Etats, 451.

IV. — Deux dolmens, 52. — Travaux, 140. — Plans du monastère, 230.

V. — Bas-reliefs de la grotte, 34. — Acensement par l'abbé de mainements dans la paroisse de Goûts, 297.

VI. — Fontaines de l'abbaye, 35. — Recherches d'art et d'histoire sur l'abbaye, avec dessins, 147. —

Documents sur la juridiction, 158.

VII. — Recherches sur l'abbaye, avec plan, 53. — François de Bourdeille, seigneur, 121.

VIII. — Logis de la Guierce, avec dessin, 82. — Lampe romaine, 299. — De Bertin, seigneur, 301. — Jacques du Breuil, écrivain, vicaire régulier de l'abbaye, 401. — Mesures bladaires en pierre, 472.

IX. — Sculpture composée de trois têtes barbues sur un seul corps, 85. — Rabot en fer du xvie siècle, 89. — Massacre en 1589, 340.

X. — Pierre de Mareuil, abbé, 377.

BRÉHANT (Eugène), membre de la Société archéologique du Périgord.

VIII. — Sa mort, 393. — Nécrologie, 448.

BRETAGNE (Jean DE), vicomte de Limoges et comte de Périgord.

II. — Vainqueur des Anglais, 410.

VI. — Vente de la terre de St-Aulaire à Julien Beaupoil, 154. — Hommages à lui rendus, 157 et 160.

VII. — Rend les domaines de Siorac et Montastruc à la veuve de Bertrand d'Abzac, 124. — Pièces le concernant, 218 et suiv. — Hommage par le seigneur de Montmège, 332. — Au sujet des monnaies, 398.

IX. — Privilèges au couvent de St-Pardoux-la-Rivière, 586.

X. — Sceau, 243.

BREUILH, commune.

IV. — Silex, 57.

VII. — Dauphin Pastoureau, seigneur, 91 et 340.

Brouchaud, commune.

    IV. — Dolmen, 57.

    VII. — Vente à Poneet de Marques-
sac, 495.

Bruchard (famille).

    III. — Co-seigneurs de Jumilhac, 339.

    V. — Fief de Monmady, 219.

Bruglère (l'abbé), membre de la Société
archéologique du Périgord.

    III. — Cartes des diocèses de Péri-
gueux et de Sarlat, 226 et 234. —
Pélerinage d'un Périgourdin à
Verdelais en 1702, 394.

    IV. — Inscription de l'église de
Vanxains, 68.

    V. — Excursion au rocher de l'er-
mitage du Toulon, 220.

    VII. — Rétable, tombeau et chaire de
l'église de Ladouze, avec photographie, 120. — Heurtoirs des
presbytères de Domme et de
Champagne, avec dessins, 143.

    IX. — Chapelle de St-Augutre, avec
dessin, 213. — Eglise de Marsac,
avec dessins, 219.

Bruzac, châtellenie.

    III. — Hommage au roi de Navarre,
265.

    V. — François Flamenc, seigneur,
125. — Jean-Louis d'Hautefort,
seigneur, 297. — Notice historique, 344.

    VI. — Transaction au sujet de la
seigneurie, 159. — René d'Hautefort et Jean de Marquessac, 474.

    VII. — Château, 441. — Hommage,
505.

    VIII. — Notes historiques sur le châ-
teau, 115. — Deux juridictions,
300. — Château, avec dessin,
476.

Bugeaud (famille).

    IV. — Fief de La Piconnerie, 281 et
408.

    VI. — Maître de forges, 68.

    IX. — Pétition de M. de La Piconne-
rie, grand-père du maréchal,
207.

Bugeaud, maréchal de France.

    IV. — Sa famille, 282, 284 et 408.

    VI. — Présente Pierre Magne à Louis-
Philippe, 177.

    IX. — Rapport officiel, 305.

Bugue (le), paroisse et abbaye.

    I. — Liste des abbesses, 266. — Ar-
chiprêtré, églises en dépendant
358, 377 et 383.

    IV. — Monuments préhistoriques du
canton et de la commune, 95.

    V. — Motte de La Barde, 290.

    VI. — Forge vieille, 69. — Notes de
M. de Mourcin, 371.

    IX. — Censier de l'abbaye, 244.

Bulliot, membre correspondant de la
Société archéologique du Périgord.

    III. — Nommé chevalier de la Légion
d'Honneur, 194.

Burée, paroisse.

    V. — Jean-Louis d'Hautefort, sei-
gneur, 297.

Bussière (G.), membre de la Société
archéologique du Périgord.

    II. — Un portrait original et inédit
de Montaigne, 252.

    III. — La légende du connétable de
Bourbon dans les campagnes du
Périgord, 167.

    V. — Ses études historiques sur la
Révolution en Périgord, 143.

    VI. — Recherches inédites d'art et
d'histoire sur l'abbaye de Brantôme, avec dessins, 147.

VII. — *Ibid.*, avec plan, 53.

Bussière-Badil, paroisse.

II. — Notice historique, 150.

III. — Villa gallo-romaine, 452.

VI. — Statue de la Vierge, 378 et 461, avec dessin.

IX. — Email champlevé, 45. — Ruines romaines aux Petits-Bois, 198. — Documents, 321.

X. — Église, avec dessin, 364.

Bussy (comte de), membre correspondant de la Société archéologique du Périgord.

IX. — Sa mort, 40. — Nécrologie, 76.

C

Caccia (comte Joseph), membre de la Société archéologique du Périgord.

III. — Sa mort, 131. — Nécrologie, 177.

Cadouin, paroisse et abbaye.

I. — Liste des abbés, 281.

II. — Statue du xivᵉ siècle, 65. — Dons à l'abbaye, 272.

III. — Pilier du cloître, 22. — Sculptures : le lai de Virgile et d'Aristote, 118. — Union de la cure de St-Avit-de-Monsac, 233. — Droit de préséance aux Etats, 451.

IV. — Monuments antéhistoriques du canton, 43. — L'abbaye, 342.

V. — Le Saint-Suaire, 330. — Sceau de l'abbé, 378.

VI. — Peintures de l'église, 104. — Célébré par la poésie, 358.

VIII. — Extraits du cartulaire, 121. — Note, 253. — Saint-Suaire, 260.

IX. — De la sépulture des Gontauts-Biron, avec dessin, 140. — Histoire du Saint-Suaire, 308.

X. — Sceau de l'abbé Darodes, 230 et 362. — Geoffroy d'Estissac, abbé, 376.

Cahors (ville et diocèse).

I. — Lieux et églises du Sarladais en dépendant avant 1789, 389.

VI. — Age de la cathédrale, 95.

VIII. — Université, 483.

IX. — Monument à Marcus Luctérius Leo, 191. — Alain de Solminihac, évêque, 235. — Union des chanoines réguliers à Chancelade, 365. — Carte du Quercy, 380 et 396. — Mgr de Popian, évêque, 381 et 394. — Religieux de Sainte Quitterie, 483.

X. — L'évêque Guiscard d'Aubusson, 197. — Sceau des Pères Carmélites, 242. — Sceau de la ville de Martel, 243. — Inhumation de Robert de Gontaut, évêque de Condom, 280. — Alain de Solminihac, évêque, 493. — Fortanier de Vassal, cardinal, 498.

Calès, chanoine régulier de Chancelade.

IX. — Récépissé d'écrits du chanoine Tarde et d'autres auteurs, 491. — Recherches historiques, 508.

Calviac, commune.

IV. — Souterrain du Gard, 321.

VII. — Gisements de l'âge de la pierre, 198.

X. — Antoine Daymerique, seigneur, 245. — Saint-Sacerdos, 488.

Calvimont (famille de).

II. — Marguerite, fondatrice du couvent des Ursulines à Périgueux, 139. — Alliances avec les Durfort, 140.

X. — Château de L'Herm, 122.

Camain (famille de).

VIII.— Fief du Verdoyer, 507.

CAMPAGNAC, commune.

IV.— Gisements préhistoriques, 105.

V.— Prise par les routiers, 108. — Arnaud de Verdon et Jacques Roux, seigneurs (?) 126. — Jean de Belcastel, seigneur (?), 127.

CAMPAGNE, commune, près le Bugue.

I. —Fouilles, débris romains, 92.

II. — Station de l'âge de la pierre, 360. — *Id.*, 369.

IV.—Gisements préhistoriques, 95.

VI.—Notes de M. de Mourcin, 369 et 371.

X. —Famille de Bonald, 200.

CAMPAGNE (Marquis DE), membre de la Société archéologique du Périgord.

IX. —Sa mort, 204. — Nécrologie, 294.

CAMPNIAC (famille DE).

VI. —Baronnie de Montbrun, 312.

VIII. —Notes généalogiques, 499.

CAMPSEGRET, commune.

IV.—Silex, 48.

CAPDROT, paroisse.

I. —Archiprêtré, paroisses en dépendant, 385.

II. —La collégiale, 28. — Translation d'icelle à Montpazier, 29.

X. —Sceau de l'archiprêtré, 242.

CARAFE (Alphonse), duc de Castelnuovo.

IX. — Dédicace par Jean Tarde, 401.

CARANT (Jean), imprimeur à Périgueux.

IX. —Ouvrage théologique par de La Pierre, 532.

X. — Impression des deux premiers livres connus, 244.

CARLUX, paroisse.

III. —Familles seigneuriales d'Aydie et de Jaubert, 498.

IV. — Gisements préhistoriques du canton et de la commune, 96.

VI. — Recouvrement du château, 160.

VIII. —Fourches patibulaires, 77. — Billet patriotique, 472.

IX. — Géographie ancienne du canton, 47. — Levée du siège, 347.

X. — Ordonnance du vicomte de Turenne, 134.

CARNAC, bourg du Morbihan.

I. —Ses pierres druidiques, 65.

CARSAC, commune du canton de Carlux.

I. — Son église, 235.

VI. — Silex, 96.

CARVES, paroisse.

I. — Archiprêtré, églises en dépendant, 358 et 384.

IV. —Monuments préhistoriques. 95.

IX. —Jean Tarde, curé, 374.

CASTEL, paroisse.

V. —Notes de M. de Mourcin, 367.

VII. — Hommage au roi de Navarre, 348.

CASTEL, historien.

IX. —Son siège de Sarlat, 73. — Notice historique, 464.

CASTELNAU (marquis DE), membre correspondant de la Société archéologique du Périgord.

IV. —Lettre sur l'église de Tayac, 356.

IX. — Aveu et dénombrement de la terre et seigneurie de Gageac, 598.

CASTELNAUD, commune.

IV. —Silex, 96.

VI. —Notes de M. de Mourcin, 180.

IX. —Tombeau de pèlerin, 539.

X. —Notice sur ce tombeau, avec dessin, 484.

CASTEL-SARRAZI, fort vitrifié.

Voyez au mot : *Gandumas*.

X. — Rapport sur les fouilles, avec dessin, 477.

CASTILLONNÈS, ville de l'Agenais.

IV. — Sa monographie, 342.

VIII. — Origines de la famille de Cervole, 121.

CAUMONT (Anne DE).

I. — Ouvrage sur elle, 154.

CAUMONT (Raymond DE), évêque de Rodez.

X. — Notice, 375.

CAUMONT (DE), archéologue.

I. —Sa statue, 247.

IX. — Fondation de la Société française d'archéologie, 78.

CAUSE-DE-CLÉRANS, commune.

IV. — Silex, 46.

X. —Château de Clérans, 223. — Rapports avec La Linde, 528.

CAUZE (Geffroi DE), évêque de Périgueux.

IV. — Notice du P. Labbe, 160.

VI. —Charte concernant les églises de Montpeyroux et Ste-Eulalie, 230.

VII. —Consacre la chapelle St-Jean de Chancelade, 380.

IX. — Unit Merlande à Chancelade, 120.

CAZOULÈS, commune.

IV. — Silex, 96.

CELLES, abbaye en Berry.

III. — Fondée par St-Eusice, de Jumilhac, 469 et suiv.

CELLES, paroisse.

III. — Hommage au roi de Navarre, 263 et 268.

VI. — Vente de rentes par Aymeri de Pons, et assises tenues par un lieutenant du juge de Périgord, 160.

VIII. — Passe aux Ste-Aulaire, 169 — Antoine de Ste-Aulaire, seigneur, 357.

X. — Souterrain découvert à La Croix de Boby, 130, 236; avec plan et dessin, 260. — Le caillou de Boby, 263. — Origines de la paroisse et l'hôpital, 269. — Eglise et chapelle de St-Jean-de-La-Lande, 273.

X. —Remarque sur le souterrain de La-Croix-de-Boby, 359.

CÉNAC, commune.

IV. — Silex, 96.

V. — Notes archéologiques, 452.

CENDRIEUX, commune.

IV. — Peyre-Levade, 58.

V. — Notes de M. de Mourcin, 290.

CERCLES, commune.

VI. —Chapiteaux de l'église, 380.

VIII. —Pierre, prieur, 439.

CERVOLE (Arnaut DE), archiprêtre de Vélines.

VII. —Ouvrage le concernant, 414.

VIII. — Origine et noblesse de sa famille, 120.

CHABANEAU (Camille), philologue.

I. —Grammaire limousine, 148. — Fragments d'un mystère provençal découverts à Périgueux, 179.

IV. —Rapport sur sa grammaire limousine, 127.

VI. —Nommé professeur de langue et littérature romane à Montpellier, 29. — Récompense de l'Académie française, 385.

VIII. — Officier de l'Instruction publique, 461.

X. — Trois chartes limousines concernant le Nontronnais (xiie et xiiie siecles), 154. — Etude sur la littérature provençale, 566.

CHABANS (famille DE).

III. — Seigneurs de La Chapelle-Faucher, 321.

VI. — Aymeri, lieutenant du sénéchal de Périgord, 161.

X. — Archives, 118 et 370. — Château d'Agonac, 133.

CHABANS (Louis DE), sieur du Maine, écrivain.

VI. — Ses écrits, 201.

CHABANS (marquise DE), membre de la Société archéologique du Périgord.

V. — Nécrologie, 448.

CHALAGNAC, paroisse.

I. — Inscription de sa cloche, 395.

IV. — Monuments préhistoriques, 18. — Javelot, 72. — Notes de M. de Mourcin, 446.

VII. — Javelot en silex, 197. — Arbitrage entre les habitants et le comte de Périgord, 504.

VIII. — Dolmen, 452.

CHALAIS, commune du canton de Jumilhac.

III. — Précis historique, 146.

CHALAUD (l'abbé), membre de la Société archéologique du Périgord.

II. — Rapport sur l'ouvrage intitulé : *Documents inédits pour servir à l'histoire de l'Agenais*, par Tamizey de Larroque, 302.

III. — Notice sur la nouvelle église de Boulazac, 509.

IV. — Rapport sur la brochure de M. l'abbé Barrère : *La commune et*

l'atelier monétaire de Mézin sous l'occupation anglaise, 64.

CHALUS, ville du Limousin.

IV. — Au vicomte de Limoges, 368. — Procès touchant la seigneurie, 369.

CHALUSSET, ancienne paroisse.

III. — Notice, 469.

CHAMBERLHAC (Philippe DE), archevêque de Nicosie.

V. — Détails, 303.

VI. — Notes biographiques, 86. — Sa famille, 106. — Notice biographique, 273.

VII. — Chartes le concernant, 179.

X. — Notes le concernant, 132, 375 et 579.

CHAMPAGNAC, paroisse.

I. — Archiprêtré, églises en dépendant, 357 et 376.

IV. — Silex, 49.

VI. — Construction de l'église, 440-2.

X. — L'abbé Lolière, archiprêtre 135.

CHAMPAGNE, commune.

IV. — Sépulture dans l'église de Jean de Raymond, seigneur de Bourzac, 274.

VII. — Heurtoir du presbytère, avec dessin, 143.

CHAMPCEVINEL, paroisse.

IX. — Procès au sujet des dîmes, 321.

CHAMPEAU, commune.

IV. — Silex, 50.

VIII. — Châtellenie de Bernardières, 161. — Le château, 350.

CHAMPNIERS-ET-REILLAC, commune.

IV. — Pierre branlante, 48.

CHANCELADE, paroisse et abbaye.

I. — Liste des abbés, 267.

II. — Précieux reliquaire, 243.

III. — Les Chanceladais ont négligé dans leurs recherches la topographie, 294. — Antiphonaire ancien, 312. — Histoire manuscrite, 375. — Droit de préséance aux Etats, 431.

IV. — Monuments préhistoriques, 54. — Rapports de l'abbaye avec Lisle, 260. — Accord avec le comte de Périgord touchant la juridiction, 364. — Augmentation du nombre des chanoines, 380. — Station magdalénienne de Chez-Pigeassou, avec dessins, 402.

V. — Fondation de l'abbaye, 234.

VI. — Crédence en noyer sculpté, 34. — Transaction entre le comte et l'abbé Bernard touchant la juridiction, 162. — Au sujet d'un banc seigneurial dans l'église, 281. — L'abbé Gros de Beler, 508.

VII. — Notice avec dessin, 378.

IX. — L'abbé Penchenat se plaint de la multiplicité des cabarets, 37. — Histoire de l'abbaye, 64, avec dessin, 116, 223, 350, 499. — Travaux historiques des Chanceladais, 76. — Le P. Jean Calès, 184. — Monnaies trouvées à Chercuzac, 540.

X. — Histoire de l'abbaye, 203. — Alain de Solminihac, abbé, 494.

CHANDOS (Jean), lieutenant du roi d'Angleterre.

II. — Commissaire envoyé en Périgord pour faire exécuter le traité de Brétigny, 374.

VIII. — Guerre dans le Sarladais, 419.

CHANLOST (marquis DE), lieutenant du prince de Condé.

III. — Gouverneur de Périgueux, 53.

CHANTÉRAC, paroisse.

I. — Archiprêtré, églises en dépendant, 349 et 366.

III. — Hommage au roi de Navarre, 264. — Hommage au comte de Périgord, 364.

IV. — Famille seigneuriale de La Cropte, 275.

V. — Joseph de La Cropte, 123.

VII. — Curiosités archéologiques, 253-4.

CHANTÉRAC (marquis DE), membre de la Société archéologique du Périgord.

V. — Des premières éditions des *Maximes des Saints*, 277.

IX. — Les *Philippiques* de La Grange-Chancel, 192.

CHAPDEUIL-ST-JUST, commune.

IV. — Silex, 92.

V. — Raymond de Salagnac, seigneur du Chapdeuil, 118.

CHAPT DE RASTIGNAC (famille).

V. — Le château de Laxion et généalogie, 208.

VI. — Château de Bernardières, 67. — Jean, acquéreur de la paroisse de Fanlac, 168. — Seigneurie de Firbeix, 266. — Terres de Lambertie, 312 ; de Ribérac, Epeluche, Montagrier, 318. — Charles, marié avec l'héritière de Ribérac, 476 et 479.

VII. — Nobles de la châtellenie de Montignac, 329. — Fief de la Glaudie, 448. — Hommage à Alain d'Albret, 491.

IX. — Louis-Jacques, évêque de Tulle, puis archevêque de Tours, 362.

X. — Prélats, 275. — Château de Laxion, 372.

CHAPT DE RASTIGNAC (Aymery), évêque de Limoges.

X. — Notice, 275.

CHAPT DE RASTIGNAC (Louis-Jacques), archevêque de Tours.

X. — Notice, 275.

CHARRIÈRE, ancien juge de paix de Périgueux.

I. — Sa mort, 161. — Notice nécrologique, 239.

CHARTIER, évêque de Périgueux.

III. — Ferme ses portes à Gondevald, 508. — Rectification de son nom, 511.

CHASTENET (Léonard), chanoine régulier de Chancelade.

IX — Notice biographique, 499.

CHATEAU-L'ÉVÊQUE, paroisse.

I. — Objets provenant des démolitions de l'église, 257.

II. — Niche sur l'angle de la maison Mesplier, avec dessin, 44.

IV. — Notes de M. de Mourcin, 206.

VI. — Château restauré par M. de La Menuse, 173.

IX. — Mort de l'évêque Tison, 216. — Guerre de la Fronde, 241.

CHATEAUNEUF (Guy DE), évêque de Périgueux.

V. — Pierre portant ses armoiries, 235.

CHATRES, abbaye.

I. — Liste des abbés, 268.

II. — Sceau de l'abbé Hugues, 366.

CHAUVERON (famille DE).

IV. — Justice de Dussac, 278.

VII. — Jean, seigneur d'Azat, 338.

CHAVAGNAC, commune.

II. — Notice historique étendue, 207.

III. — Monument mégalithique, 302. — Cromlech, 378.

IV. — Monuments préhistoriques, 103. — Les Croquants, 334.

VI. — Hommage à Alain d'Albret par Guynot de Rouffignac, seigneur, 163.

VII. — Biens de mainmorte, 242. — Biens nobles, 246.

VIII. — Monnaie marseillaise, 400.

CHENAUD, commune.

VII. — Haches polies, 197.

CHERVAL, commune.

IV. — Monuments préhistoriques, 94.

VII. — Ibid, 197.

CHERVEIX, commune.

VI. — Découverte de monnaies, 386.

X. — Souvenir des Templiers, 572.

CHEVALIER DE CABLANC, maire de Périgueux.

IX. — Historien du Périgord, 73. — Notice historique, 284.

CHEYSSAC (l'abbé), membre de la Société archéologique du Périgord.

VII. — Une page de peinture du XVe siècle dans une église rurale du Périgord, 113.

CHILHAUD DES FIEUX (Jean DE), libérateur de Périgueux.

I. — Ses armes sur la tour Mataguerre, 318.

II. — Id., 204. — Lui et sa postérité furent exemptés de toutes charges, 261.

IV. — Avocat et maire de Périgueux, 117.

CLADECH, commune.

IV. — Silex, 95.

CLARY (Marc), abbé de Chancelade.

IX. — Notice historique, 359.

CLÉDAT (Léon), membre de la Société ar-

chéologique du Périgord.

II. — Prend date pour son travail sur Bertrand de Born, 19. — Positions de sa thèse sur ce troubadour, 52.

III. — Ses travaux à l'Ecole française de Rome, 104.

IV. — Leçon d'ouverture de son cours de littérature du moyen-âge, 81.

VI. — Analyse de sa thèse sur le frère Salimbene, 127.

VIII. — Rapport sur sa thèse : *Du rôle historique de Bertrand de Born*, 68.

IX. — Un nouveau manuscrit des sermons français de saint Bernard, 111. — Réponse à des critiques de M. P. Meyer, 308.

X. — Etude philologique, 467.

CLÉDAT DE MAZEAU, abbé de Mégemont, (Clermont).

IX — Originaire du Périgord, 50.

CLÉMENT (Mgr), évêque de Périgueux.

II. — Clause de son testament relative aux malversations des magistrats, 261.

III. — S'occupa de poésie, 156.

CLERMONT-DE-BEAUREGARD, commune.

V. — Cluseau, 89.

VII. — Hache, 193.

X. — Château, 223.

CLERMONT-D'EXCIDEUIL, commune.

VIII. — Notes de voyages, 276.

IX. — Geoffroy, prieur du Vigeois, 69. — Requête adressée au curé, 99.

X. — Sommation à Jean Bulle, curé, 589.

COCHET (l'abbé), archéologue.

VII. — Ses collections, 273.

CŒUILHE (Etienne), président à l'Élection de Périgueux.

II. — Notes biographiques, 169.

CŒUILHE (Front), fils du précédent.

II. — Sa charité, 173.

CŒUILHE (Jean-Baptiste), frère du précédent.

II. — Bibliothécaire à Périgueux, 173.

IX. — Poème, 199.

COIGNAC (famille DE).

III. — Co-seigneurs de Jumilhac, 342.

COLOMBIER, paroisse.

X. — Naissance d'un monstre, 219.

COLONGES (Jean-Hélie DE), prieur de Bussière-Badil.

X. — Notice, 369.

COLY, paroisse.

VII. — Biens de mainmorte, 242. — Biens nobles, 246.

COMBROUZE (l'abbé), membre de la Société archéologique du Périgord.

IX. — Sa mort, 521. — Nécrologie, 602.

COMMARQUE (marquis DE), membre de la Société archéologique du Périgord.

VI. — Sa mort, 288. — Nécrologie, 362.

CONAN (famille DE).

VI. — Baronnie de Montbrun, 311.

CONDAT (commune de), près Brantôme.

I. — Tombeaux en pierre, 72. — Etymologie de Condat, 74. — Sa nécropole, 255. — Ancien archiprêtré, 357.

II. — Découverte d'antiquités, 314.

III. — Noël patois, 216. — Ancien cimetière, 458.

IV. — Dolmens, 49. — Commanderie, 318.

V. — Jean Flament, seigneur, 117.

X. — Commanderie, 115 et 343.

CONDAT-SUR-VÉZÈRE, commune.

V. — Station préhistorique de La Machonie, 385.

VII. — Gisements de l'âge de la pierre, 200. — Biens de mainmorte, 243. — Biens nobles, 246.

CONDILLAC (l'abbé DE), philosophe.

X. — Relations avec le P. de Reyrac, 203.

CONNE-DE-LABARDE, commune.

IV. — Dolmen et haches, 44.

CONNEZAC, commune.

VII. — Hache polie, 193.

CORGNAC, commune.

IV. — Caverne, 51.

V. — Anne de La Bastide, seigneur, 121. — Notice historique, 206.

VI. — Domaine de l'Aymeronie, 164. — Enquête sur la situation du lieu, 164. — Terre de Laxion, 479.

VII. — Grotte sépulcrale, 106. — Séjour d'un peintre italien, 431.

X. — L'abbé Lolière, curé, 135. — Le château de Laxion, avec dessin, 371.

CORNILLE, commune.

VIII. — Terre de La Luminade, 94.

COSNAC (Bertrand DE), cardinal évêque de Comminges.

X. — Notice, 276. — Pierre, son frère, prieur de Bussière-Badil, 369.

COSNAC (Daniel DE), archevêque d'Aix.

X. — Notice, 276.

COSNAC (Gabriel DE), évêque de Die.

X. — Notice, 277.

COULOURS, paroisse.

VI. — Mise en ferme des revenus, 155. — Rachat par Amanieu de Foix, évêque de Carcassonne, 164.

COUDERC-MONPLAISIR, membre de la Société archéologique du Périgord.

VI. — Nécrologie, 174.

COUHÉ (Raoul DE), évêque de Périgueux.

IV. — Notice du P. Labbe, 158.

COULAURES, paroisse.

III. — Vente à Jean de Lestrade, 267 et 269. — Rachat, 272 et suivantes.

IV. — Monuments préhistoriques, 57. — Vente de maison par Arnaud de Fayolle au comte de Périgord, 434.

V. — Jean de Lestrade, seigneur et de La Cousse, 127.

VI. — Pierres tombales du cimetière, avec dessins, 299.

VIII. — Notes archéologiques, 180.

COULOUNIEIX, paroisse près Périgueux.

II. — Borne de la juridiction de la seigneurie de Périgueux, 363.

IV. — Monuments préhistoriques, 54.

VII. — Chapelle de Saint-Augùtre, 182. — Grotte sépulcrale de Campniac, — 104 et 196.

VIII. — Objets de la dite grotte, 400. — Rapport sur les fouilles de cette grotte, 463.

IX. — Objets recueillis à Campniac, 200. — Chapelle de St-Augùtre, avec dessins, 213. — Borne épiscopale, 558.

X. — Armes de jet préhistoriques de Campniac, 255.

COURCELLE-LABROUSSE (Mlle), prophétesse.

VI. — Voyage à Paris, 184.

VIII. — Recueil de ses ouvrages, 37.

COURRIÈRE (M.), membre de la Société archéologique du Périgord.

VIII. — Nécrologie, 269.

COURSAC, paroisse.

II. — Portail de l'église, 43.

IV. — Monuments préhistoriques, 55.

— Curiosités archéologiques, 146.

— Assassinat de Frotaire, évêque, 158.

VIII. — Tombeaux autour de l'église, 49.

IX — Procès sur les limites, 217 et 559. — Château de La Jarte, 244. — Tumuli de La Morinie, 299. — Tumuli de Brouyol, 432 et 458.

COURS-DE-PILE, commune.

IV. — Hache polie, 42.

COURTET (René et Raymond), membres de la Société archéologique du Périgord.

IV. — Nécrologie, 308.

VII. — Nécrologie, 434 et 506.

COUSTIN DE CAUMONT (famille DE).

II. — Armoiries, alliances, 175.

COUTURES, paroisse.

I. — Réparations de son église en 1747, 336.

VIII. — Le baron de Coutures, 167. — Passe aux Ste-Aulaire, 169. — Antoine de St-Aulaire veut être inhumé dans l'église, 357.

COUX-ET-BIGAROQUE, commune.

IV. — Monuments préhistoriques, 100.

VII. — *Ibid.*, 200.

COUZE, paroisse.

III. — Marque de papetier, 312.

IV. — Gisements préhistoriques, 46.

IX. — Inscription de l'église, 303 et 527.

X. — *Ibid.*, 31. — Rapports avec La Linde, 528.

CRÉDOT (P.-J.), membre de la Société archéologique du Périgord.

V. — Rapport sur l'ouvrage de M. de Villepreux, intitulé : *Eléonore de Guyenne*, 360.

VI. — Les commissions de quêteurs pour le rachat des captifs en Périgord, 501.

CRETE (Bonaventure), curé de St-Orse.

IX. — Exécuteur testamentaire d'Arnault La Borie, 168.

X. — Volume d'Urfé lui ayant appartenu, 34.

CREVANT (famille DE).

III. — Co-seigneurs de Jumilhac, 342.

V. — Jacques rend hommage à A'ain d'Albret, 121. — François, 124.

VII. — Seigneurie de Jumilhac, 218.

CREYSSAC, paroisse.

V. — Hélie Saunier, seigneur de La Barde, 127.

CREYSSE, commune.

IV. — Dolmen, 42.

X. — Stations préhistoriques, 467.

CREYSSENSAC, commune.

IV. — Monuments préhistoriques, 58. — Notes de M. de Mourcin, 447.

VII. — Rôle des rentes dues au comte de Périgord, 504.

CROZALS-RAYNARD (Joseph DE), membre de la Société archéologique du Périgord.

I. — Rapport sur la 40e session du congrès scientifique de France tenue à Rodez en septembre 1874, 320.

III. — Thèses : *Lanfranc, archevêque de Cantorbéry*, et *Timoléon, tyran de Syracuse*, 103.

CROZAN (famille DE).

III. — Seigneurs de Ste-Marie-de-Frugie, 137.

CUBAS, paroisse.

II. — Lanterne des morts, 195 et 200.

IV. — Prieuré, 139.

VI. — Lanterne des morts du cimetière, avec dessin, 410.

Cubjac, paroisse.

   III. — Vente à François de Belcier, 267.

   IV. — Grotte, 72. — Notes de M. de Mourcin, 207.

   IX. — Rapports avec l'abbaye de Chancelade, 129.

Cugnac (Louis-Emmanuel de), évêque de Lectoure.

   X. — Notice, 278.

Cumond, paroisse.

   V. — Notice sur l'église, avec dessins, 111. — Robert Jaubert, seigneur, 125.

   VI. — Peintures murales de l'église, 100.

   VII. — *Ibid.*, 113.

   IX. — Paroisse de Mirand et commanderie de St-Antoine, avec dessin, 457.

   X. — Commanderie de St-Antoine, 352.

Cumond (comte de), membre de la Société archéologique du Périgord.

   II. — La Linde, 155.

   III. — Etats du comté de Périgord, assemblés à Montignac (1464), 482.

   IV. — Notes sur la châtellenie de Bourzac, avec dessin, 268. — Libertés et coutumes accordées à la bastide de Saint-Jean de Molières, 415.

   V. — Eglise de Cumond, avec dessins, 111.

   VI. — Deux chansons oubliées, 476.

   IX. — Paroisse de Mirand et commanderie de St-Antoine en Périgord, avec dessin, 457.

Cyrano-Bergerac, écrivain parisien.

   I. — N'appartient pas au Périgord, 221.

   II. — Fief dont il a pris le nom, 20.

   VI. — Discussions sur son surnom, 364.

D

Dabert (Mgr), évêque de Périgueux.

   I. — Discours à l'installation de la Société archéologique, 27.

Daglan, paroisse.

   I. — Archiprêtré, paroisses en dépendant, 383.

   VIII. — Les Tard-Venus, 435.

   X. — Billets de confiance, 354.

Daumesnil, général.

   IV. — Napoléon le gratifie de la terre de Nanthiat, 195.

Dax, ville des Landes.

   I. — Siège épiscopal occupé par plusieurs Périgourdins, 96.

Debordes (l'abbé), curé de St-Front de Périgueux.

   I. — Courte notice, 335.

Deffarges, conseiller faisant fonctions de maire de Périgueux.

   III. — Lettre sur la démolition de la tour Mataguerre votée par le conseil municipal, 416.

Degoys (Gille), imprimeur à Périgueux.

   IX. — Edit du roy en 1601, 531.

Delpeyrat (l'abbé), curé de Montcarret.

   I. — Statistique historique de Monpont à la fin du XVIᵉ siècle, 134.

Delpit (Jules), membre de la Société archéologique du Périgord.

   VI. — Poésies inédites de La Grange-Chancel, avec portrait, 80. — Nécrologie sur M. Jean-Léon Dessalles, 169.

Delpy de Saint-Geyrac (l'abbé), archi-

diacre de Périgueux.

IV. — Son sceau avec dessin, 132.
— Détails biographiques sur le
même, abbé de St-Cybard, 205.

V. — Son panégyrique de sainte
Chantal, 233.

IX. — Préside les funérailles de
l'abbé de Chancelade Gros de
Beler, 370.

DEREIX (Jules), membre de la Société
archéologique du Périgord.

VIII. — Sa mort, 97. — Nécrologie,
176.

DESCHAMPS (l'abbé A.), membre de la
Société archéologique du Périgord.

IX. — Antiquités des environs de
Belvès, 322. — Fondation de la
vicairie ou chapelle de St-Jacques dans l'église St-Silain de
Périgueux, 593.

DESLIGNIÈRES, architecte.

III. — La maison de la rue Eguillerie dite Franconi, à Périgueux,
131.

VII. — Médaille au Salon ; — Dessins
des vieilles maisons de Périgueux, 431.

DESMAISON (Arnaud), membre de la Société archéologique du Périgord.

V. — Nécrologie, 150.

DES MOULINS (Charles), membre correspondant de la Société archéologique du Périgord.

III. — Sa mort, 123. — Nécrologie,
176.

VI. — Don de sa bibliothèque à la
Société archéologique, 183.

DESSALLES (Léon), ancien archiviste de la
Dordogne.

VI. — Sa mort, 28. — Nécrologie,

169. — Liste de ses ouvrages imprimés, 171.

IX. — Son histoire du Périgord, 76.

DOMME, bourg et paroisse.

I. — Inscription sur une des portes,
253.

III. — Sceaux de la cour des consuls,
du bailliage et de la ville, 380. —
Martin du Cluzel, gouverneur,
454.

IV. — Sceaux et armoiries, 32. —
Monuments préhistoriques du
canton et de la commune, 96. —
Sceau de la cour des consuls, avec
dessin, 174 ; sceau du bailliage,
avec dessin, 175 ; armes de la
ville, avec dessin, 176. — Martin
Descluzel nommé capitaine-gouverneur de la cité et du château,
par Henri de Navarre, 248. —
Donation du château de Mont-de-
Domme à Roger Bernard, 365 et
380.

V. — Gilbert de Dome, sénéchal du
Périgord, détails sur l'histoire de
Domme, 100. — Jacques de Bou-
zac, seigneur, 126. — Dolmen de
Giverzac, 166 et 246 (dessin). —
Gilbert de Domme et son gou-
vernement, 248 et suiv. — Heurtoir de l'hôtel-de-ville, avec dessin, 272. — Ses anciens seigneurs, 324. — Notes archéologiques de M. de Mourcin, 451.

VI. — Suite des notes Mourcin, 87
et 372. — Documents concernant la seigneurie, 165.

VII. — Bertrand d'Abzac, seigneur,
123. — Pons de Beynac, seigneur,
124. — Heurtoir du presbytère,
avec dessin, 143. — Donation de

la châtellenie de Mont-de-Dôme, 503.

VIII. — Documents relatifs à la ville, 87. — Inscription sur la porte du Roi, 400. — Guerres anglaises, 419-20, et des protestants, 422. — Les Tard-Venus, 435.

IX. — Inscriptions sur la porte du château, 98. — Donations à l'hôpital des pauvres, 533.

X. — Rapports avec La Linde, 534.

DORDOGNE, fleuve.

VI. — Détails historiques, 319 et 391.

VIII. — A travers le Sarladais, 436.

X. — Grande inondation en 1665, 412.

DORDOGNE (département de la).

I. — Des cluseaux, 76. — Projet de statistique monumentale, 86. — Idiome patois, 148.

II. — L'Andromède de Clésinger au Musée départemental, 56. — Administration de Romme, 89.

III. — Liste des monuments historiques, 420 et 449. — Monuments mégalithiques, 94, 168 et 408.

IV. — Nomenclature et gisements de l'époque anté-historique, 38 et suiv. ; 105 et suiv. — Monuments mégalithiques, 37, 114, 168, 233.

VI. — Anciennes forges, 59. — Objets acquis pour le Musée, 200. — Don au Musée d'un chartrier de pèlerin, 279.

VII. — Sceau de l'assemblée électorale, 359. — Boiseries sculptées pour le Musée, 362.

VIII. — Liste des électeurs (1790), 114.

IX. — Objets gallo-romains acquis pour le Musée, 34. — Découverte de murailles vitrifiées, 101. — Œuvre de Lakanal, 158. — Acquisition pour le Musée d'une attache trouvée dans le tombeau de Childéric, 201. — Lanternes des morts, 205. — Don de divers objets au Musée, 209, 304 et 314. — Collection préhistorique de M. Coste au Musée, 313.

X. — Don par M. Ph. de Bosredon au Musée de sceaux périgourdins, 242. — Communes ayant émis des billets de confiance, 354. — Dons de divers objets au Musée 363. — Carte préhistorique, 458. — Terres cuites de Tarente données au Musée, 473.

DOSE (Gustave), membre de la Société archéologique du Périgord.

VIII. — Rapport sur la cinquième réunion des Sociétés des beaux-arts des départements, à la Sorbonne, en avril 1881, 371.

DOUBLE (LA), archiprêtré.

I. — Eglises en dépendant, 347 et 363.

VII. — Jacques des Prés, archidiacre, 347.

VIII. — Lettre de M. de Dives, 450.

DOUCHAPT, commune.

IV. — Alignement de Margos, 92.

VI. — Village de Margot, 512.

DOUVILLE, commune.

IV. — Silex, 48. — Notes de M. de Mourcin, 448.

DOUZILLAC, paroisse.

II. — Château de Mauriac, 367.

DRAYAUX, paroisse.

X. — Ravages de la peste, 303. — Refuge des consuls de La Linde, 417. — Rapports avec La Linde,

512 et 528. — Troubles, 548. — Notice historique, 617.

DROT, rivière.

IV. — Projet de navigation, 60. — Arrêté du représentant du peuple Lakanal concernant la navigation, 201.

DROUYN (Léo), membre correspondant de la Société archéologique du Périgord.

III. — Monuments mégalithiques de la Dordogne, 94, 168 et 408.

IV. — *Ibid.*, 37, 114, 168 et 232.

DU CLUZEL (famille).

IV. — Martin, capitaine-gouverneur de Domme, 248.

VI. — Hugues, écuyer, 155.

VII. — Le même, 234.

DU FOU (Raoul), évêque de Périgueux.

VIII. — Présentation pour l'église de Bourg-des-Maisons, 442.

IX. — Notes biographiques, avec portrait, 62 et 451.

X. — Armoiries, 32.

DUFOUR (Auguste), comédien.

V. — Son portrait, 91.

DUJARRIC-DESCOMBES (Jean), curé de Bourg-des-Maisons.

VI. — Prieur de Feix, 107.

DUJARRIC-DESCOMBES, membre de la Société archéologique du Périgord.

I. — Lettre inédite de Mgr du Lau, archevêque d'Arles, 61. — Quelques mots sur l'origine et la naissance de Cyrano de Bergerac, 220. — Une page d'administration paroissiale en 1747, 336.

II. — Un dernier mot sur Cyrano-Bergerac, 31. — Notes biographiques sur Étienne Cœuilhe, magistrat et moraliste, 169. —

Un portrait de Brantôme, 188. — Les chants patois du Périgord, 305.

III. — Notice sur l'église du Grand-Brassac, 44. — Un sonnet du marquis de Neuvic, 165. — Journal de Mgr de Beauvau, évêque de Sarlat, 198. — Etude sur l'évêque Daniel de Francheville, 244. — La municipalité de Lisle en Périgord, 403.

IV. — Rapport sur la grammaire limousine, par Camille Chabaneau, 127. — Un mot sur la bibliographie du Périgord, 166. — L'église de Lisle en Périgord avant la Révolution, 259.

V. — Officier d'académie, 27. — Rapport sur les études historiques sur la Révolution en Périgord, par Georges Bussière, 143. — Editeur des *Philippiques* de La Grange-Chancel, 375.

VI. — Rapport sur les poésies inédites de La Grange-Chancel, publiées par M. Jules Delpit, 80. — Rapport sur le recueil : *Contes et poèmes*, par M. G. Tarde, 353. — Rapport à la Société philotechnique sur ses travaux, 364. — De l'origine de Ranconnet, 407.

VII. — *Ibid.*, 148. — Rapport sur le livre de M. l'abbé Gouzot : *Souvenir*, 171. — La vérité sur la blessure et la mort de Richard Cœur-de-Lion, 251. — Acte de naissance de Maine de Biran, 405. — Des prétendues poésies de Maine de Biran, 407. — Sceau de Seguin de La Porcherie, che-

valier limousin du XIIIe siècle, avec dessin, 463.

VIII. — Du rôle historique de Bertrand de Born, par Léon Clédat, 68. — Note sur le comte de Sainte-Maure, baron de Latourblanche, 156. — Le tombeau de Mgr de Francheville, 261. — Le nom et les armes de La Boëtie, avec dessins, 332. — D'une pierre antique de l'église de Montagrier, avec dessin, 406. — Aperçu de l'instruction publique en Périgord avant 1789, 480.

IX. — Recherches sur les historiens du Périgord au XVIIe siècle, 67, 162, 257, 371 et 464. — Edition des *Philippiques* de La Grange-Chancel, 193. — Nécrologie sur M. Labonne-Laroche, 603.

X. — Etude sur le tragédien Pierre Lafon, 192. — Un mot sur la *Dodécade de l'Evangile*, par Estienne de Sanguinet, gentilhomme gascon (Bergerac, Vernoy, 1614), 453. — La Société littéraire de Périgueux en 1780, 593.

Du Lau (famille).

III. — Seigneurs de La Côte, Creyssac et Montardy, 498.

V. — François, seigneur de La Coste, 126.

X. — Prélats, 278.

Du Lau (Henri-Charles), évêque de Grenoble.

X. — Notice, 279.

Du Lau (Jean-Marie), archevêque d'Arles.

I. — Courte notice sur sa vie, et lettre aux maire et consuls de Périgueux sur sa nomination, 61.

VII. — Ses armes, 102.

X. — Notice, 278.

Du Lau (marquis d'Allemans).

I. — Ami de Malebranche, qui le visite à Montardy, 305.

Du Lau (marquis), membre de la Société archéologique du Périgord.

III. — Une lettre inédite de Henri IV à M. Du Lau, avec reproduction par l'héliogravure, 497.

Duloin (docteur), consul de Sarlat.

IX. — Ses œuvres, 244.

Du Mas (famille).

IV. — Seigneurs de Payzac, 295.

Du Mas (Gabriel), évêque de Périgueux.

IX. — Armoiries sur la borne du Saut-du-Chevalier, 558.

Du Mas-Paysac, membre de la Société archéologique du Périgord.

III. — Transaction entre le seigneur et les habitants de la ville d'Eymet, 324.

Dumas, instituteur, membre de la Société archéologique du Périgord.

VI. — Notes sur le camp de César de Sainte-Eulalie-d'Ans, 116.

Du Peyrat (Jean), écrivain sarladais.

VIII. — Le *Galathée*, 107.

Du Puy (famille).

VII. — Bernard, seigneur de Trigonant, 378.

X. — Armoiries, 360.

Dupuy (Jehan), père Récollet.

IX. — Historien du Périgord, 72. — Notice historique, 257.

Dupuy, membre de la Société archéologique du Périgord.

X. — Lettres écrites aux syndic et consuls de Bergerac, après la prise de Périgueux par les catholiques,

le 26 juillet 1581, 284. — Lettres de Catherine de Navarre, relatives au collège de Bergerac, et lettre de Jeanne d'Albret sur l'édit de pacification, 380.

Durand (Charles), membre de la Société archéologique du Périgord.

I. — Notes sur l'histoire de Bergerac relatives aux tours de Malbec et au pont sur la Dordogne, 105-123. — Notice historique et descriptive du prieuré de Merlande, avec dessins, 192.

II. — Notes sur l'histoire de Bergerac, 93. — Les foires de Faux avant 1789, 168. — Jurade relative à l'introduction de la Réforme à Bergerac, 241.

IV. — Un mot sur les statuts et coutumes de Bergerac, 62.

VI. — Notes sur l'histoire de Bergerac ; pont de Dordogne, avec dessin, 319 et 391.

X. — Naissance d'un monstre à Colombier (1674), 219.

Du Rouchail, graveur sur bois.

VI. — Placards-affiches, 109.

Dussac, commune.

IV. — Notice historique, 277 et 408.

VI. — Procès relatif à la seigneurie, 166. — Pierre sépulcrale, 385.

VII. — Eclats de silex, 194. — Pierre tumulaire, avec dessin, 292.

IX. — Gandumas, 53, 84 et 101.

Duverneuil (Alcide), membre de la Société archéologique du Périgord.

II. — Quelques antiquités de Condat, 314.

III. — Un Noël périgourdin, 215.

VI. — Un drapeau tricolore en Périgord avant 1789, 268.

VII. — Visite à Villefranche-de-Longchapt, 248.

E

Echourgnac, paroisse.

VII. — Revenus du comte de Périgord, 333.

Eglise-Neuve, paroisse.

VIII. — Note archéologique, 452.

Epeluche, paroisse.

V. — René Massin, seigneur, 127.

VI. — Marquis de Chapt de Rastignac, seigneur, 318.

VII. — Vente de la châtellenie, 490.

Epernon (duc d'), gouverneur de la Guienne.

X. — Requête des catholiques de La Linde, 422.

Erménonaris, évêque de Périgueux.

IV. — Concile de Bordeaux en 670 et 217.

X. — Ibid., 237.

Ervé-Fayard, médecin.

II. — Ouvrage et portrait, 53.

Esbiey (d'), bibliographe.

V. — Livre lui ayant appartenu, 158.

VI. — Ses travaux, 192.

Escoire, commune.

VI. — Possessions de Bertrand de Ranconnet, 166. — François, 408.

Espagne, nation.

IX. — Monnaies et église de Saint-Miguel de Lillo, 437.

X. — Monnaie de Charles-Quint, 261.

Espagne (Alphonse d'), prince de La Cerda.

X. — Lettre au bailli de Périgueux, 351.

Espagne (Arnaud d'), sénéchal de Périgord et de Quercy.

V. — Combat les Anglais dans le

Sarladais, 101.

ESTISSAC (Geoffroy D'), évêque de Maillezais.

X. — Notice, 376.

ÉTIENNE (frère), écolâtre de St-Front.

I. — Tombeau et croix d'absolution, 392.

EUSICE (Saint-).

III. — Né à Jumilhac, fondateur de l'abbaye de Celles, en Berry, 469.

EXCIDEUIL, ville et château.

II. — Notice historique, 234.

III. — Châtellenie, 264. — Vente de la seigneurie au sieur d'Escars, 281. — Paiement de sa garnison, 432-3.

IV. — Antiquités, 30. — Monuments préhistoriques, 52. — Archiprêtré détaché de l'église de Périgueux, 159. — Grégoire de Malet de La Jorie, gouverneur, 288. — Dépend de la vicomté de Limoges, 368. — Cession de la seigneurie à Jeanne de Bretagne, 369. — Assises du vicomte de Limoges, 431. — Quête pour couvrir l'église et l'hôpital de St-Antoine, 431. — Acensements faits par Alain d'Albret, 442.

V. — Tombeau de Jeanne de Bretagne dans l'église des Cordeliers, 120.

VI. — Rôle de la montre des nobles de la châtellenie, et autres documents concernant la ville et la seigneurie, 166-7. — Habitants refusent de payer ni taille ni subsistance, 475.

VII. — Arrêt concernant les notaires, 184. — Prise par les Brabançons, 252. — Projet de bibliothèque publique, 276.

VIII. — Notes archéologiques, 179. — Registre des Cordeliers et fondation de l'hôpital, 288. — Anciennes écoles, 486.

X. — Grotte de l'église à St-Martin, 144-6-7. — Commanderie de St-Antoine, 352.

EXPERT (famille D').

III. — Seigneurie de Saint-Paul-La-Roche, 156.

EYGURANDE, paroisse.

VII. — Revenus du comte de Périgord, 333.

EYLIAC, paroisse.

III. — Rentes dues au roi de Navarre, 271.

IV. — Monuments préhistoriques, 56. — Château de la Roudetie, 361.

V. — Famille seigneuriale de Bodin, 91.

EYMET, commune.

I. — Son dolmen, 65. — Allée couverte et cluseau, 250. — Plaque en cuivre avec inscription, 254.

II. — Tombeaux mérovingiens, 203.

III. — Transaction entre le seigneur et les habitants, 324.

IV. — Monuments préhistoriques de la commune et du canton, 43. — Les Croquants, 338.

VI. — Ossements, 185.

VIII. — J. B. de Foix, baron d'Eymet, et ses franchises, 300.

X. — Fossiles, 567.

EYVIGUES-et-EYBÈNES, commune.

IV. — Dolmen, 101.

VIII. — Fourches patibulaires, 78.

EYVIRAT, commune.

IV. — Tumulus, 231.

EYZERAT, commune.

IV. — Dolmen, 51.

V. — Notice historique, 205.

ÉYZIES (LES), commune.

IV. — Rochers percés d'anneaux, 322. — Roches célèbres, 352.

VI. — Forges, 75.

VIII. — Objets de la grotte, 386.

F

FANLAC, paroisse.

VI. — Vente à Jean Chapt, seigneur de Rastignac, 168.

IX. — Fondation d'une mission, 214.

FARGUES (famille DE).

I. — Seigneurs de Marsalès, 154.

FAUX, paroisse.

II. — Ses foires avant 1789, 168.

III. — Dolmens, avec dessins, 94. — Pierre de Campguilhem, avec dessin, 168.

IV. — Pierre de La Robertie, avec dessin, 37. — Monuments préhistoriques, 44.

V. — François de Carbonnières, seigneur, 126.

FAYOLLE (famille DE).

VI. — Hommage au comte de Périgord, 168.

VIII. — Jean, seigneur de Vernode, 354.

FAYOLLE (marquis DE), vice-président de la Société archéologique du Périgord.

II. — Des cluseaux, 36 et 152.

V. — Le souterrain de Borie-Belet, au lieu dit le Roi-des-Chauses, commune d'Antonne, avec plan et dessin, 307.

VII. — Note sur le second cluseau découvert à Montardy, avec plan, 445.

FÉAUX (M.), membre de la Société archéologique du Périgord.

II. — La grotte de Raymonden, 42.

V. — Station préhistorique de Petit-Puyrousseau, avec dessins, 38.

IX. — L'archéologie préhistorique, par M. le baron de Baye, 605.

X. — Etude sur les armes de jet préhistoriques en Périgord, avec planches, 137 et 247.

FÉNELON, membre de l'Académie française.

II. — Lettre à la duchesse de Holstein, née de Mérode, 83. — Son *Télémaque*, 268.

IV. — Editions du *Télémaque*, 228.

V. — Des premières éditions des *Maximes des Saints*, 277. — Manuscrit du *Télémaque*, 373. — Ses portraits et statues, 381.

VI. — Gravure par Hocquart, 93.

VII. — Portraits et médaille, 38. — Sa prétendue naissance dans la vicomté de Turenne, 184 et 259.

VIII. — Sur la composition du *Télémaque*, 29. — Note, 91. — Sceau de François de La Cropte, son aïeul maternel, 290. — Portrait lithographié, 295.

IX. — Elevé à Sarlat, 474.

X. — Notice, 491.

FESTALEMPS, paroisse.

VIII. — Inscription de la cloche, 196 et 389.

FILLON (Benjamin), membre correspondant de la Société archéologique du Périgord.

VIII. — Sa mort, 277. — Nécrologie, 370.

FIRBEIX, commune.

VI. — Notice historique, 262.

FLAMENC (famille DE).

V. — Notes historiques sur la châtel-

lenie de Bruzac, 345.

VI. — Jaubert, seigneur de Condat, 154. — Nobles de la châtellenie d'Excideuil, 166.

VIII. — Fief de Romain, 496.

X. — Château de Bruzac, 133.

FLAUGEAC, archiprêtré.

I. — Églises en dépendant, 388.

FLEIX (LE), commune.

II. — Antiquités, pierre de Saffarius, 370.

IV. — Objets préhistoriques , 45. — Débris romains dans un tumulus, 157.

VI. — Déprédations de routiers , 168.

VII. — Fief au seigneur de Gurçon, 217.

FOLLEVILLE (DE), maréchal de camp.

III. — Guerres en Périgord , 55 et 58.

FONTAINES, ancienne paroisse.

III. — Inscription dans l'église, 121.

VI. — Renée du Prat, prieure, 41. — Monastère, 411.

FONTGALOP, commune.

IV. — Monuments préhistoriques, 95.

FONTGAUFIER, abbaye.

I. — Liste des abbesses, 283.

FORNERON, membre de la Société archéologique du Périgord.

III. — Note sur la bataille de Vergt, 95.

V. — Son histoire des ducs de Guise, 229.

VIII. — Documents relatifs à la ville de Domme, 87. — Les poésies inédites de Brantôme, publiées par le docteur Galy, 227. — Une lettre inédite de Henri III, 479.

IX. — Prix de l'Académie française, 206.

FOSSEMAGNE, paroisse.

III. — Rentes dues au roi de Navarre, 271.

IV. — Notes de M. de Mourcin, 212.

VI. — Vente par le roi de Navarre au seigneur de La Mothe, 168.

VII. — Hache gauloise, 180. — Notes de M. de Mourcin, 422.

FOUCAULD (famille DE).

IV. — Château et terre de Dussac, 279. — Lettre de Jean Foucaud de Lardimalie à Henri IV, 405.

V. — Bernard, seigneur de Lardimalie, 125.

VI. — Donation au collège de Bergerac, 156. — Nobles de la châtellenie d'Excideuil, 166.

VII. — Fondation du collège de Bergerac, 324.

X. — *Ibid.* 380.

FOUCAULD (l'abbé DE), vicaire-général d'Arles.

I. — Sa mort, 63.

FOURGEAUD-LAGRÈZE, membre de la Société archéologique du Périgord.

III. — Quatre brochures, 19.

X. — Son étude sur l'Imprimerie en Périgord, 456.

FOURICHON (famille).

V. — Fief des Merles, 435.

VII. — Fief de Baynac, 80.

FRANCHEVILLE (Daniel DE), évêque de Périgueux.

III. — Abbé de Tréport, 129. — Notes sur ce prélat, 244.

IV. — Discours et méditations, 395.

VI. — Son éloge, 366.

VIII. — Son tombeau, 261.

FRIZON (Léonard), poète latin.

— 40 —

I. — Ses vers sur Mgr Le Boux, 293. — Ses poésies, 294.

V. — Lettre inédite à Baluze, 329.

FOIDEFOND (A. DE), vice-président de la Société archéologique du Périgord.

I. — Armoiries réunies de la ville et de la cité de Périgueux , avec planches, 310.

II. — Cachet trouvé au couvent des Ursulines de Périgueux, 138. — Sceau d'Armand de Biron, 140. — Sceau du chapitre de St-Astier, 142. — Une plaque d'armoiries de la famille de Coustin de Caumont, 174. — Eloges par le Journal héraldique de l'Académie de Pise, 192. — Reliquaire de Chancelade, 243.

IV. — *Sigillum Sancti Asterii*, 131. — Cachet de l'abbé de St-Geyrac, 132. — Description héraldique du sceau de la justice de Belisle, 133.

VII. — Nécrologie sur M. le comte de Larmandie, 85.

VIII. — Nécrologie sur M. le comte Henri de St-Aulaire, 94.

IX. — Nécrologie sur M. le comte de Touchebœuf-Beaumond , 413. — Observations relatives à la chapelle sépulcrale qui se voit en dehors de l'église de St-Front de Périgueux du côté de la Clautre, 553. — Rectification concernant la borne épiscopale du Saut-du-Chevalier, 558.

X. — Supplément à la Sigillographie du Périgord, par M. Ph. de Bosredon, 110. — Epitaphe du comte d'Hautefort, brigadier des armées du roi, 530.

FRONT (Saint), apôtre du Périgord.

II — Son tombeau, 352. — Sa vie par Sébalde, 356. — Sa tombe, 447.

IX. — Apôtre et premier évêque du Périgord, 266 et 273.

FROTAIRE, évêque de Périgueux.

IV. — Notice du P. Labbe, 158.

VII. — Château d'Agonac, 441.

FURSTEMBERG (Ferdinand DE), évêque de Munster.

V. — Ses rapports avec le P. Frizon, 331.

G

GABILLOU, paroisse.

V. — Antoine d'Autefort, seigneur, 126.

GADDI (cardinal DE), évêque de Sarlat.

IX. — Ami des lettres, 378 et 399.

GAGEAC, paroisse.

IX. — Aveu et dénombrement de la terre et seigneurie, 598.

GALARD (Marie-Joseph DE), évêque du Puy.

X. — Notice, 279.

GALARD (Raymond et Pierre DE), évêques de Condom.

X. — Notices, 279.

GALAUP (famille DE).

III. — Justice de La Roche-Chalais, 162.

GALILÉE, astronome.

IX. — Relations avec Tarde, 375.

GALY (docteur), président de la Société archéologique du Périgord.

I. — Discours à l'installation de la Société archéologique, 30. — Donation faite, en 1243, à l'abbaye de La Faye, par Pierre de St-Astier, évêque de Périgueux, 56. — En-

ceinte murale gallo-romaine de la Cité, à Périgueux, 59. — Le dolmen de St-Aquilin, 123. — Neuf brochures, 164. — L'art du placage et de l'étamage chez les Gaulois, 236. — Bracelet protecteur de la santé, 238. — Notice nécrologique sur M. Charrière, 239.

II. — Construction et décoration du portique du temple de Vésunna, déesse tutélaire des Pétrocores, 45. — Monnaie mérovingienne frappée à Thiviers, 49. — Divinité panthée trouvée dans l'Isle, à Périgueux, 125. — Saint Silain, l'un des patrons de Périgueux, 264.

III. — Nommé correspondant de la Société Éduenne, 194. — Concession de sépultures dans l'église de St-Front de Périgueux, 317. — Livres curieux, 386. — Nécrologie sur M. le chanoine René Bernaret, 437. — Inscription bachique sur une cruche en terre, 490. — Saïga ou denier d'argent de l'époque mérovingienne, frappé à Périgueux, avec dessin, 502.

IV. — Contrat de noviciat d'une sœur ursuline, 164. — Brevet de capitaine-gouverneur de Domme accordé par Henri IV à Martin Descluzel, 248. — Une lettre autographe et inédite de Jean Bolland, 250. — Nécrologie sur M. René Courtey, 308. — Autorisation de célébrer la messe à La Roudetie, château de Bodin, 361. — Testament de Pierre Lamy, de Périgueux, chirurgien des grandes écuries du roi, 425. — Confirmation de l'édit de Nantes par Louis XIII, 444.

V. — Nécrologie sur M. A. Lapeyre, 82. — Nécrologie sur le docteur Bardy-Delisle, 151. — Manuscrit de Guillaume de Tignonville, 158. — Nécrologie sur M. Alfred Magne, 285. — Cybèle adorée à Vésone. Inscription inédite, 316.

VI. — Lecture sur les lacs des Merveilles au col de Tende, et sur des antiquités égyptiennes de l'Exposition, 32. — La figure panthée de Diane, 92. — Faux murale trouvée dans l'oppidum de Ste-Eulalie-d'Ans, avec dessin, 112. — Notice sur M. Pierre Magne, 175. — Nécrologie sur M. le docteur Moreaud, 179. — Son zèle archéologique, 195. — Noms de potiers et marques de fabrique sur les vases gallo-romains du Musée trouvés à Vésone, 297. — Voyage dans diverses villes de l'est, 438.

VII. — Monnaie des évêques d'Agen, dite *Arnaldèse*, retrouvée à Périgueux, avec gravures, 45. — Le château de Richemont et sa chapelle, avec portrait de Brantôme, dessin de la chapelle et fac-simile de l'épitaphe, 200. — Denier en petit bronze de J. Crispe, fils de Constantin, avec gravures, 365. — Nécrologie sur M. Raymond Courtey, 506.

VIII. — Poésies inédites de Brantôme, publiées par lui, 227.

IX. — Médaillon contorniate inédit, avec dessin, 327. — Nécrologie

sur M. Odon Maigne, 414.

X. — Lecture sur l'âge des arbres, 42.

GANDUMAS, ancienne paroisse.

IV. — Note de M. de Laugardière 283.

IX. — Monnaie limousine et autres, 32. — Murailles vitrifiées, 42. — Fort vitrifié de Castel-Sarrazi, 53, 84 et 101.

X. — Castel-Sarrazi, 357.

GARABŒUF et GAREBŒUF (famille DE).

III. — Château de Chalais, 147.

VI. — Seigneurs de Masvaleix, 65.

GARAT (Jean), abbé de Chancelade.

IX. — Notice historique, 350. — Sa vie, 503.

GARDONNE, paroisse.

IX. — Seigneurie du marquis de Ste-Alvère, 599.

GARREAU-LAFAURIE, membre de la Société archéologique du Périgord.

III. — Nécrologie, 364.

GASSIES (Jean-Baptiste), membre correspondant de la Société archéologique du Périgord.

X. — Nécrologie, 456 et 457.

GAULE, ancienne France.

I. — Du culte du serpent, 145. — L'art du placage et de l'étamage, 236. — Sur les dolmens, 323. — Cadenas en bronze servant de fermoir à un bracelet, 391.

II. — Charge municipale du tribun du peuple, 59. — Province d'Aquitaine, 385. — Voie romaine de Bordeaux à Limoges, 392.

III. — Fortifications, 105. — Voies romaines, 110. — Inscriptions romaines, 113. — Controverse sur Vercingétorix, 309. — Cruche en terre avec inscription bachique, (dessin), 491. — Monnaies d'or et d'argent, 505.

V. — Les *Senones* cisalpins sont sortis des *Senones*, Gaulois du pays de Sens, 29. — Médailles gauloises, 94. — Bourses géodes, 161. — Faux murale, 244 et 371. — Honneurs rendus à la famille des Césars, 317.

VI. — Dissertation sur la fonction de : *episcopus*, 30. — Monnaies, 34. — Recherches des voies romaines au moyen des routes reliant les anciens hôpitaux, 39. — Monnaies trouvées au Puy-d'Issolud, 104. — Faux murale, avec dessin, 112. — Cachet d'oculiste, 376.

VII. — *Ibid.*, 38. — Remarque sur les tumuli, 183. — Silex dans les sépultures mérovingiennes, 185. — Monnaies, 268.

VIII. — Topographie, 31. — Remparts vitrifiés, 109.

IX. — Sculpture composée de trois têtes barbues sur un seul corps, 87. — Fouilles de Sanxay, 94. — Antiquités, 205. — Uxellodunum, 382. — Pierres de briquet, 427. — Amphithéâtre d'Arles, 438.

X. — Lampe en bronze, 241. — Origine de la bourgeoisie, 293.

GAULEJAC (famille DE).

V. — Seigneurs de Besse, 281.

GAUSBERT DE DOME, chevaliers.

V. — Seigneur de Dome, 324. — Pons, son frère, 326. — Gausbert II, de Nabirac, 329.

GÉLIEU (famille DE).

X. — Note la concernant, 37.

GÉNIS, paroisse.

III. — Fiefs payés par elle, 261. — Vente de sa forêt au sieur d'Escars, 281. — Vente de la justice à Jean de La Faye, 287.

IV. — Dépend de la vicomté de Limoges, 363. — Acensements faits par Alain d'Albret, 442.

V. — Estimation des revenus de la seigneurie, 130.

VII. — Pièces concernant la forêt et la seigneurie, 217.

GENTIL (famille DE).

IV. — Concession de tombeau dans l'église de Lisle à François-Sicaire, seigneur de La Valade, 263.

GEOFFROY, prieur du Vigeois.

IX. — Sa chronique, 69.

GÉRARD (famille DE).

IV. — Tombeaux à Sarlat, 424.

VII. — Seigneurs du Barri et de St-Quentin, 64.

IX. — Alliance avec la famille de Salignac, 469.

GÉRARD (François DE), historien du Sarladais.

IX. — Notice historique, 466.

GÉRARD (Gaston DE), membre de la Société archéologique du Périgord.

IV. — Notes sur le chanoine de Gérard, 255.

VI. — Lettre du chanoine de Gérard à dom Mabillon, 338.

VII. — Lettre du même à Étienne Baluze, 58.

GÉRARD (René DE), membre de la Société archéologique du Périgord.

III. — Nécrologie sur J. B. Lascoux, érudit Sarladais, 288.

IV. — Notes sur deux sceaux et sur les armoiries de Domme, 174.

X. — Station préhistorique de Cantelouve, commune de St-Vincent-de-Paluel, avec dessins, 580.

GÉRARD-LATOUR, chanoine de Sarlat.

IV — Lettre du P. Bollandus, 152 et 252. — Travaux hagiographiques, 257.

V. — Lettre d'Etienne Baluze, 274.

VI. — Lettre à dom Mabillon, 338.

VII. — Lettre à Baluze, 58.

VIII. — Correspondance, 188. — Lettre à Etienne Baluze, 238.

IX. — Historien du Périgord, 73. — Notice historique, 473.'

X. — Sa correspondance et autres écrits, 463.

GERING (Ulrich), imprimeur.

I. — La première bible française, 159.

GILBERT DE DOMME, sénéchal du Périgord.

V. — Etude sur sa vie, 99 et 247. — Notice sur Guillaume, son père, 326.

GISCLARD (A.), membre de la Société archéologique du Périgord.

II. — Résumé d'une notice de M. Morteyrol sur la ville et le château d'Excideuil, 234.

GONTAUD (famille DE).

V. — Seigneurs de Bruzac, 348.

VI. — Jean, seigneur de St-Geniès, 154. — Thonet, seigneur de Badefol, 155. — Donation au collège de Bergerac, 156. — Gaston et Pierre, seigneurs de Biron, 157. — Jean, baron de Biron, 163.

VII. — Gaston, seigneur de Montaut, 235. — Fondation du collège de

Bergerac, 324. — Hommage au roi de Navarre, 348.

VIII. — Sceau d'Olivier, 185. — Incendie des archives, 521.

IX. — De la sépulture des Gontauts-Biron à Cadouin, à Biron et à Badefol, avec dessin, 139.

X. — Gaston, 172. — La maréchale de Biron, 230. — Prélats, 280. — Armand, 381. — Seigneurie de Badefol, 399 et 655.

Gontaut (Armand de), évêque de Sarlat.

X. — Notice, 280.

Gontaut (Robert de), évêque de Condom.

X. — Notice, 280.

Gontier de Biran (famille).

VII. — Pierre, maire perpétuel de Bergerac, 133. — Guillaume, député aux Etats-Généraux, 315. — Casimir, poëte, 408.

X. — Lettre de la municipalité de La Linde à Guillaume, 522.

Goth (Bertrand de), pape sous le nom de Clément V.

X. — Voyage dans le diocèse de Périgueux, 241.

Gouffier (famille de).

II. — Droit de justice et domaine sur La Linde, 163.

X. — *Ibid.*, 559.

Gourdon (Gérard de), évêque de Périgueux.

IV. — Notice du P. Labbe, 159.

Gourgues (Jacques-Joseph de), évêque de Bazas.

X. — Notice, 280.

Gourgues (vicomte de), vice-président de la Société archéologique du Périgord.

VI. — Offre à la Société la bibliothèque de M. Charles Des Moulins, 183.

X. — La Dodécade de l'Evangile, par Estienne de Sanguinet, gentilhomme gascon (Bergerac, Vernoy, 1614), 451.

Goustat (l'abbé), membre de la Société archéologique du Périgord.

II. — Pontours, son antiquité, son importance, ses monuments, 420.

VI. — Six lettres inédites du roi Henri IV, 255.

IX. — De la sépulture des Gontauts-Biron à Cadouin, à Biron et à Badefol, avec dessin, 139.

X. — La Linde et les libertés communales à La Linde, 76, 106, 293, 391, 507 et 599.

Gouts, paroisse.

I. — Archiprétré, 346 et 362.

V. — Mainements de l'abbaye de Brantôme, 297.

Gouzot (l'abbé), membre de la Société archéologique du Périgord.

VI. — Nécrologie sur M. le marquis de Commarque, 362.

VIII. — Rapport sur son livre : *Souvenir*, 171.

Goyhenèche (l'abbé), membre de la Société archéologique du Périgord.

IV. — Rapport sur la monographie de Castillonnès, 342.

V. — Officier d'académie, 27. — Rapport concernant la succession du chanoine théologal Jean Talpin, principal du collège de Périgueux, 132.

VI. — Prieurés de l'ordre de Grandmont en Périgord, 243.

VII. — Rapport sur le mémoire de M. de Verneilh, intitulé : « De l'a-

vénement des nouvelles couches
sociales sous l'ancien régime, » 87.
— L'inscription latine d'un monument dans l'église de Ladouze,
292.

GOYON de LA PLOMBANIE, économiste.
V. — Ses plans, 146.

GRAILLY (Jean DE), captal de Buch.
VIII. — Sa bague, 456.

GRAND (famille).
V. — Branche de Bellussière, 212.
VI. — Seigneurie de Lambertie, 312.
— Terres de Ribérac et de Laxion,
479.
VIII. — François et Alexandre, sieurs
de Tenteilhac, 490.
X. — Château de Laxion, 372. —
Seigneurs du Reclaud, 472.

GRAND-BRASSAC, paroisse.
I. — Son église, 258.
II. — Cluseau du château de Mon-
tardy, 39 et 152. — Livre-jour-
nal de la famille de Montozon,
279.
III. — Notice sur l'église, avec pho-
tographie de la porte latérale, 44.
— Seigneurs, 49. — L'année de
la peur, 455 et 510. — Famille
seigneuriale de Jaubert, 498.
IV. — Contestation entre M. Gautier,
avocat, et M. Lacour, curé, 133.
— Trois domaines de Pierre de
St-Astier, qui en rend l'hommage
au vicomte de Limoges, 365.
V. — Deux heurtoirs, 382.
VI. — Possessions de Pierre de St-
Astier, 159. — Sculptures de la
porte de l'église, 380.
VII. — Nouveau cluseau au château de
Montardy, 358 et 445, avec plan.
— Tombeau et pot, 427.

VIII. — Anciens instituteurs, 488.
IX. — Lissoir en terre cuite vernis-
sée, 314. — Son église, 450.
X. — Notes de voyage, 262. — Justice du chapitre de Saint-Front,
462. — Possessions des Templiers,
471.

GRAND-CHANGE, commune.
IV. — Station préhistorique, 57.
VI. — Hommage à Alain d'Albret
par Jean de Banes, 162. — Commissaire pour faire la quête en
faveur des captifs, 504.

GRANGER (l'abbé), membre de la Société
archéologique du Périgord.
III. — Motif qui a pu conduire saint
Vincent-de-Paul en Périgord,
384.
VI. — Nécrologie sur M. de La Menuse, 172.

GRANGES-D'ANS, paroisse.
II — Fontaine et cluseau, 65.
IX. — Fondation d'une mission, 214.

GRÈCE, nation.
I. — Des fouilles à Athènes, 68.
IV. — De l'origine des monnaies,
385.

GRELLET-BALGUERIE, membre de la So-
ciété archéologique du Périgord.
II. — Privilèges de la ville de Lisle,
433. — Extrait des privilèges de
la ville de Brantôme, 441.
III. — Coutumes de Beauregard en
Périgord, 169.
VIII. — Lettre sur des cluseaux du Pé-
rigord, 282.
IX. — Etude sur Clovis III, 206

GREMAUD (J.), bibliothécaire de la ville de
Fribourg.
VI. — Philippe de Chamberlhac, évê-
que de Sion et de Nice, archevê-

que de Nicosie, 273.

GRÈZES (LES), paroisse.

VII. — Biens de mainmorte, 243. — Biens nobles, 246. — Lettre du ministre Le Blanc au sujet d'une révolte, 296.

GRIGNOLS, commune.

IV. — Silex, 56.

VII. — Acensement de la châtellenie, 217. — Hélie Talleyrand, seigneur, 234.

VIII. — Dolmen, 452.

GROLE (famille DE).

VI. — Ses armes, 107.

GROLEJAC, commune.

IV. — Monument préhistorique, 97.

V. — Odet de Salignac, seigneur, 125.

GROS de BELER, abbé de Chancelade.

IX. — Notice historique, 362.

GRUN, commune.

IV. — Monument préhistorique, 58. — *Castrum* de Puyrenom, 80.

V. — Note de M. de Mourcin, 83.

VIII. — Notes de M. de Dives, 451.

GUÉRET, ville.

VI. — Camp de Puy-de Gaudy, 290.

VIII. — *Ibid.*, 109.

H

HARDY (Michel), archiviste et bibliothécaire de la ville de Périgueux.

III. — Notes sur Mgr Daniel de Francheville, évêque de Périgueux et abbé de Tréport, 244.

IV. — Note sur une station magdalénienne découverte à Chez-Pigeassou, commune de Chancelade, avec dessins, 402.

V. — Officier d'Académie, 165. — Silex taillés de l'age du mammouth dans le sous-sol de Périgueux, 173.

VII. — La station préhistorique des Roches, commune de Sergeac, 110. — Dissertation sur la présence de silex dans les sépultures franques, 185. — Essai sur l'histoire ethnologique des races préhistoriques de la France, par Jean Laumónier, 350. — Archéologie préhistorique, 416-21.

VIII. — Les maîtres pintiers de Périgueux et leurs marques de fabrique en 1520, 158. — Bibliothécaire de Périgueux, 183. — Explication de l'apparence de taille de certains silex tertiaires, avec planche, 402.

IX. — La pierre du bénitier et le plateau du Chalard à Villac, avec dessin, 56. — Le camp-refuge à murailles vitrifiées de Castel-Sarrazi (Dordogne), 101. — Inventaire sommaire des Archives départementales de la Dordogne avant 1790, par M. F. Villepelet, 607.

X. — La nécropole préhistorique de Nauthéry (Landes), par le docteur Testut, 217. — Le souterrain-refuge de La Croix-de-Boby, à Celles (Dordogne), avec dessins, 260.

HAUTEFAYE, paroisse.

VII. — Accord au sujet de l'hommage, 217.

HAUTEFORT, paroisse.

II. — Garde du château pendant la Fronde, 35.

III. — Châtellenie, 264.

IV. — Monuments préhistoriques, 54.
— Forteresse protégée par Phi-
lippe-Auguste, 317. — Dame
Mathe de Born, 372.

VI. — Mathe de Born, 154.

X. — Généalogie des familles seigneuriales, 126. — Concordat de
l'abbé de Tourtoirac et du prieur
d'Aureil, 574.

HAUTEFORT (famille d').

V. — Jean-Louis, seigneur de Bruzac, Burée, Ans, etc., 297. —
Marquis de Bruzac, 361.

VI. — Fabrique de canons, 76. —
Nobles de la châtellenie d'Exci-
deuil, 166. — René, seigneur de
Bruzac, Ajat et St-Orse, 474.

X. — Notes historiques, 591.

HAUTEFORT (comte d'), brigadier des armées du roi.

X. — Son épitaphe, 590.

HAUTEFORT (Marie-Thérèse d'), épouse
Arlot de Frugie.

I. — Lettre de Mgr de Beaumont,
335.

HENRI IV, roi de France.

VI. — Lettre inédite à M. du Lau,
avec reproduction par l'héliogravure, 497.

IV. — Lettres à M. Jay de Beaufort,
31.

VI. — Six lettres inédites à M. Baju-
ran de Berail, 255.

IX. — Lettre au capitaine de Boussier, 349. — Lettres de nomination à la charge d'aumônier ordinaire en faveur de Jean Tarde,
489.

X. — Lettres aux consuls de Bergerac, 285. — Permis de chasse au
sieur de Maleffe, 450.

HERMANN (G.), membre de la Société archéologique du Périgord.

VII. — Bref du pape Alexandre VII,
concernant les Récollets de Thiviers, 209.

VIII. — Officier d'académie, 98.

X. — Sommation au curé de Clermont-d'Excideuil, 589.

I

ISLE, rivière.

V. — Historique de la partie comprise entre Libourne et Périgueux, avec planche, 69.

VI. — Objets gallo-romains, 291.

VII. — Javelots en fer, 355, 426 et
435.

VIII. — Conduite d'eau dans le lit de
la rivière, 34. — Sur les terrains
quaternaires de la vallée de l'Isle,
35. — Objets en fer, 186, et divers autres, 298. — Droit de
pêche de la Chartreuse de Vauclaire, 445. — Hache en fer caro-
lingienne, 466.

IX. — Antéfixe romain en terre cuite,
45. — Lance en fer, 97, et autres
objets, 315.

X. — Serpe gauloise et autres objets, 136.

ISSAC, commune.

VII. — Château de Montréal, 163.

ISSIGEAC, paroisse.

I. — Bois sculpté trouvé dans les
caves du château, 245.

IV. — Monuments préhistoriques de
la commune et du canton, 44. —
Construction du château épiscopal, 348.

V. — Lettres d'Henri IV à M. de
Bérail, gouverneur, 164.

VI. — *Ibid.*, 255.

VII. — Union du doyenné à Sarlat, 62.

IX. — Sépultures anciennes, 208.

X. — Figure de griffon encastrée dans un mur, 35.

ITALIE, nation.

V. — Découverte de l'antique Sipontum, 31. — Monnaie grecque de Syracuse, 95.

IX. — Sur les sépultures romaines, 315. — Voyage de Tarde, 375. — Inscription relative au voyage de Montaigne, 432. — St-Marc de Venise, 443. — Voyage de Montaigne, 509. — Idée de la mort chez les Romains, 524.

X. — Curateur des citoyens romains, 29. — Fouilles de Tarente, 37. — St-Marc de Venise, 63. — Terres cuites de Tarente, 473.

ITIER (Pierre), cardinal périgourdin.

I. — Evêque de Dax, 96.

X. — Notice, 280.

ITIER DE MALAYOLLES, évêque de Sarlat.

X. — Notice, 281.

J

JACOUPY, évêque d'Agen.

V. — Curé de Cumond, 116.

JAUBERT (famille DE).

III. — Seigneurs d'Allemans, Montagrier, etc., 498.

IV. — Seigneurs de Nanthiat, 192, et de Bourzac, 274.

V. — Alliance avec les Vaucocour, 63. — Seigneurs de Cumond, 114. — Andry, seigneur de Nantiac, 118.

VI. — Nobles de la châtellenie d'Excideuil, 166.

JAURE, commune.

IV. — Notes de M. de Mourcin, 447.

JAY D'ATAUX, maire de Périgueux.

IX. — Historien du Périgord, 73. — Notice historique, 278.

X. — Lettre de M. de Bertin, 390.

JAVERLHAC, paroisse.

III. — Hommage au roi de Navarre, 265 et 277.

IV. — Hommage au comte de Périgord, 367.

VI. — Bloc erratique, 33. — Forge de Jomelières, 59. — Forge et logis noble de La Chapelle-St-Robert, avec dessin, 62.

VII. — Dauphin Pastoureau, seigneur, 91. — Roc branlant, 195. — Hommage à Alain d'Albret, 218. — Jean de Minziac, seigneur, 234. — Rôle des rentes de Pétronille de La Tour, 337. — Bernard Renoult, seigneur, 494.

VIII. — Procès au sujet de la mouvance, 364.

JEAN XXII, pape.

I. — Création du diocèse de Sarlat, 381.

VIII. — Dispute avec l'évêque de Tulle, 192.

JOUANNET, bibliothécaire de Bordeaux.

III. — Deux lettres à M. de Taillefer, 375.

V. — Son éloge du cardinal de Sourdis, 230.

JOUBERT, moraliste.

II. — Comparé à Cœuilhe, 172.

VIII. — A l'école de Montignac, 489.

X. — Ses correspondants, 468.

JOURDAN (Raymond), troubadour.

VIII. — Note le concernant et Alix de

Montfort, 409.

JUGE (Jacques), avocat de Sarlat.

IV. — Poésies, 168.

JULIEN (F.), conducteur des ponts et chaussées.

V. — Historique de la rivière de l'Isle, partie comprise entre Libourne et Périgueux, avec planche, 69.

JUMILHAC (famille CHAPELLE DE).

III. — Château de Chalais, 147. — Hommage au roi de Navarre, 278. — Seigneurs de Jumilhac, notes historiques, 349.

VI. — Antoine, maître de forges, 61.

X. — Pierre, évêque, 275.

JUMILHAC (Pierre CHAPELLE DE), évêque de Lectoure.

X. — Notice, 275.

JUMILHAC (Jean-Joseph de St-Jean DE), archevêque d'Arles.

X. — Notice, 488.

JUMILHAC-LE-GRAND, canton et paroisse.

II. — Notes historiques sur le canton, 398. — Les girouettes du château, avec dessin, 415.

III. — Suite des notes sur le canton, 135. — Hommage au roi de Navarre, 265. — Précis historique sur la commune, et suite des notes sur le canton 332. — Famille de La Roche-Aymon, 345. — Société populaire, 354. — Fin des notes sur le canton, 458.

V. — Jacques de Crevant, seigneur, rend hommage à Alain d'Albret, 121. — Jacques de La Roche-Aymon, 124.

VI. — Forges des environs, 60. — Prieuré de l'ordre de Grandmont, 244.

VII. — Monuments et gisements de l'âge de la pierre, 193. — François de Crevant, 218.

IX. — Tumulus de Liviers, 198.

L

LA BACHELLERIE, paroisse.

VI. — Rentes dues au comte de Périgord, 155.

IX. — Banc de schiste ardoisier, 207, 312.

LABAT (l'abbé), chanoine de St-Front.

II. — La collégiale de Monpazier, 27.

VI. — Nécrologie sur l'abbé d'Alesme de Meycourby, 425.

LA BATUT (baron Roger DE), membre de la Société archéologique du Périgord.

X. — Notices sur les prélats issus de familles périgourdines avant 1789, 72, 197, 275, 372 et 488.

LABBE, savant religieux.

IV. — Traduction de ses fragments sur les évêques de Périgueux, 158.

LA BÉRAUDIÈRE, évêque de Périgueux.

I. — Son zèle évangélique, 168.

II. — Sa mort, 260.

V. — Les Récollets à Thiviers, 196.

VII. — Hommage du seigneur de Vignolle, 185. — Les Récollets à Bergerac, 485.

VIII. — Lettre de Louis XIII, 102.

IX. — Restaurateur du diocèse, 263.

LA BOETIE, écrivain.

I. — Prix de quelques éditions de ses ouvrages, 393.

IV. — Son père, 78.

VI. — Attribution d'un ouvrage descriptif sur le Médoc, 192.

VIII. — Observations sur son nom, 50.

7

— Le nom et les armes, avec
dessins, 332. — Portrait, 456. —
Antoine, son père, 521.

IX. — Nom et armes, 30 et 90.

X. — Ses idées politiques, 468.

LABOISSIÈRE-D'ANS, commune.

VI. — Découverte d'une mosaïque,
92 et 185.

LABONNE-LAROCHE, membre de la Société
archéologique du Périgord.

VIII. — Don de manuscrits, 289.

IX. — Sa mort, 521. — Nécrologie,
603.

LABOUQUERIE, commune.

IV. — Monument préhistorique, 41.

LA BOYTIE, castel près Sarlat.

II. — Prise par les ligueurs, 180.

V. — Dessin, 235.

VIII. — Notes historiques, avec dessin, 332.

IX. — Prise du castel par les ligueurs,
30 et 91.

LA BROUSSE (famille DE).

VII. — Fonde à Verteillac une école, 275.

VIII. — *Ibid.*, 490 — M. du Bosfrand,
subdélégué de l'intendance de
Nontron, 512.

LA CALPRENÈDE, auteur.

IV. — Une de ses pièces payée par
Molière, 232.

V. — Critique par Richelieu, et réponse du poète, 297.

VI. — Lettre de M. le Prince, 79. —
Lettre à Mlle de Scudéry, 507.

VII. — N'est pas né en Quercy, mais
en Périgord, 259.

VIII. — Ecolier à Toulouse, 483.

IX. — Son frère Nicolas de Costes. 502.

LACANEDA, commune.

IV. — Gisements préhistoriques, 101.

LACASSAIGNE, paroisse.

VII. — Biens de mainmorte, 243. —
Biens nobles, 246.

LACHAPELLE-AUBAREIL, commune.

IV. — Dolmen, 98.

V. — Stations et gisements préhistoriques, 404.

VII — Silex taillés, 198.

LA CHAPELLE-FAUCHER, paroisse et château.

III. — Le château, avec dessins, 319.

IV. — Denis d'Aytz, seigneur, 87.

V. — Charles de Farges, seigneur,
126 et 130.

VII. — Château, 444.

X. — Archives du château, 118.

LA CHAPELLE-GONAGUET, commune.

V. — Repaire du pariage de St-
Front, 380.

LACHAPELLE-GRÉSIGNAC, commune.

IV. — Tumulus, 396.

V. — Jean Escudier, seigneur, 27.
— Catherine de Clermont, dame
du lieu, 121. — Hélie Chassarel,
seigneur. 125. — François de
Corlieu, seigneur, 127.

VII. — Tumulus, 197.

VIII. — Seigneurie relevant de l'évêché d'Angoulême, 367. — Hommage au comte de Périgord,
443.

LA CHAPELLE-ST-JEAN, commune.

VIII. — Notes archéologiques, 95.

LA CHAPELLE-ST-ROBERT, ancienne paroisse.

I. — Son église, 91, 101. — Notice
sur cette paroisse, 103.

LA COQUILLE, commune.

III. — Notice historique, 135.

IV. — Débris romains, 156.

X. — Double pic en fer, 363.

LACROPTE, commune.

IV. — Curiosités archéologiques, 66.
— Hommage au comte de Périgord, 364-5.

VII. — Pierre d'Abzac, seigneur, 121.
— Hommage au comte, 218. —
Rôle des rentes dues au comte de
Périgord, 504.

La Cropte (famille de).

IV. — Seigneurs de Bourzac, 274 ; de
Chantérac, 275.

V. — Joseph, seigneur de Chantérac, 125. — François, seigneur
de Lanquais, 129.

VI. — François, seigneur de Bosredon, 153.

VII. — Vente des seigneuries de Cumont et de Sallebœuf, 83. —
Hommage au roi de Navarre par
Jean, 348.

VIII. — Sceau de François, aïeul maternel de Fénelon, 290. — La
Roque de Gajac, 420.

IX. — *Ibid.*, 372. — Fief de Mirand,
460.

X. — Prélats, 277.

La Cropte (Bertrand de), évêque de
Sarlat.

X. — Notice, 277.

La Cropte (Jean-François de), évêque de
Noyon.

X. — Notice, 277.

La Cropte (François de), évêque d'Aleth.

X. — Notice, 278.

Ladoire de Chamisac, lieutenant-général
criminel.

V. — Thèse à lui dédiée, 244.

Ladornac, commune.

IV. — Monuments préhistoriques,
103. — Les croquants, 334.

VII. — Biens nobles, 247.

Ladosse, commune.

VI. — Curiosités archéologiques, 185.

VII. — Découvertes préhistoriques,
361.

Ladouze, paroisse.

III. — Hommage au roi de Navarre,
265.

IV. — Silex, 56. — Tombeau de Mgr
de Ladouze, archevêque de Narbonne, 152. — Eglise et tombeau
de l'archevêque, 238. — Hommage au comte de Périgord,
364-5.

VI. — Inscription dans l'église, 292.

VII. — Rétable, tombeau et chaire de
l'église, avec photographie, 120.
— Hommage au comte, 218. —
Inscription latine d'un monument
dans l'église, 292.

Ladouze (Pierre de), archevêque de Narbonne.

IV. — Détails sur sa vie, 152, 237.

VII. — Son tombeau, 124.

X. — Notice, 72.

La Fayardie (Jourdain de), érudit.

IX. — Ses études, 187 et 506.

La Faye (abbaye de).

I. — Donation par l'évêque Pierre
de St-Astier, 58. — Liste des
prieurs, 269.

IX. — Bernard de Jay, prieur, 38. —
Vente de fonds, 202.

X. — Assence du mainement de Las
Plantas, 36. — Tenances mouvant du prieuré, 134.

Lafeuillade, paroisse.

VII. — Biens de mainmorte, 244. —
Biens nobles, 247.

Lafon (Emile), directeur de l'école des
beaux-arts à Tours.

I. — Discours sur la Touraine, 67

VI. — Son avis sur les peintures de l'église de Cadouin, 104.

LAFOND (Pierre), de la Comédie-Française.

X. — Notes biographiques, 192.

LAFON-LABATUT, poète.

IV. — Sa mort, 313.

V. — Ses œuvres posthumes, 370.

LAFORCE, commune.

I. — Dévastation du château, 36.

IV. — Tombeaux anciens, 86 — Les Croquants, 338.

V. — Bibliothèque du château, 373.

VI. — Poteries du moyen âge, 90. — Emploi des débris du château, 403.

VII. — Bertrand d'Abzac, seigneur, 123. — Naissance de Belsunce au château, 274.

IX. — Legs aux pauvres par le marquis de La Force, 250. — Poignard de Ravaillac, 541.

X. — Ibid., 44.

LAFORCE (famille de CAUMONT DE).

I. — Ses littérateurs et son château, 36.

II. — Armes sur un livre italien, 53. — Droit de justice sur La Linde, 163.

V. — Armes sur deux volumes, 373.

VI. — Donation au collège de Bergerac, 156. — Contribue à la réparation du pont de Bergerac, 394.

VII. — Portrait de la duchesse de Caumont La Force, 273. — Anne, mère de Belsunce, 274. — Aliénation du domaine de Bergerac, 310. — Fondation du collège de Bergerac, 324.

IX. — Testament de Jacques, 247. — Plusieurs pieces, 305.

X. — Jacques et le collège de Bergerac, 381. — Acquisition de la justice de La Linde, 557.

LA FORCE (Armand-Nompar de Caumont, marquis DE).

II. — Ses faits d'armes, 81.

LA FORCE (Jacques Nompar de Caumont DE), maréchal de France.

II. — Gouverneur de Béarn, 78.

IX. — Son testament, 247.

LA GRANGE-CHANCEL, poète.

I. — Son académie périgourdine, 35. — Ses rapports avec Cœuilhe, 171.

III. — Son académie littéraire, 165.

IV. — Bibliographie de ses œuvres, 166.

V. — Son caractère, 148. — Manuscrit autographe des *Philippiques*, 236 ; — sa publication, 373.

VI. — Publication de poésies inédites, 80. — Son portrait, 85. — Son épitre à l'abbé de Beler, 108. — Remarques sur cette épitre et une requête au Parlement de Bordeaux, 188. — Envoi autographe au cardinal de Fleury, 451. — Lettre, épitre et requête, 508.

VII. — Vers de La Grange fils, 409.

VIII. — Lettre de son exil en Hollande 469.

IX. — Manuscrits d'Arnault La Borie, 188. — Lettre sur les *Philippiques*, 192. — Copies des *Philippiques*, 305. — Relations avec l'abbé de Chancelade Gros de Beler, 368. — L'académie de Périgueux, 504.

X. — Ibid., 595.

LAKANAL, représentant du peuple.

III. — Approuve la Société populaire

de Jumilhac, 354.

IV. — Arrêté concernant la navigation du Drot, 201.

VI. — Arrêté concernant la reconstruction du pont de Bergerac, 401.

VII. — Prescrit la formation de dépôts de livres, 276. — Organise l'hôpital de Bergerac, 318.

IX. — Son œuvre dans la Dordogne, 158.

X. — Détruit le château de Badefol, 224.

LA LINDE, paroisse.

II. — Notice historique, 155.

III. — Vieille porte, 308.

IV. — Monuments préhistoriques, 46. — Donation par Charles V, 136.

V. — Les Anglais, 327.

IX. — Lampe antique, 431.

X. — Notice historique, avec dessins, 76, 106, 293, 391, 507 et 599. — Objets préhistoriques aux Soucis, 475, 570 et 578.

LAMARQUE, conventionnel de la Dordogne.

X. — Note biographique, 33.

LA MARTHONIE (Geoffroy DE), évêque d'Amiens.

X. — Notice, 282.

LA MARTHONIE (Henri et Raimond DE), évêques de Limoges.

X. — Notices, 282-3.

LA MARTHONIE (Jean et Gaston DE), évêques de Dax.

I. — Notes, 96.

V. — Notes généalogiques, 428.

VI. — Notes de M. de Laugardière, 441 ; de M. de Verneilh, 470.

VIII. — Puyguilhem, 42 et 119. — Un dernier mot sur le château de Puyguilhem, 327.

X. — Notices, 281 et 282.

LA MARTHONIE (Jean-Louis DE), évêque de Meaux.

X. — Notice, 283.

LA MARTHONIE (Mondot DE), président du Parlement de Paris.

II. — Château de Puyguilhem, 321.

V. — Hommage à Alain d'Albret pour les terres de Condat et Puyguilhem, 121. — Sa famille détenait la châtellenie de Bruzac, 348 ; deux prieurs de St-Jean-de-Côle, 423. — Château de La Marthonie, 425. — Notes biographiques et généalogiques, 428.

VI. — Forges de Caneau et de Ruyère, 69. — Construction de Puyguilhem, 440, 469.

VII. — Terre de La Marthonie, 232. — Château, 443 et 449. — Vente de la prévôté de Thiviers, 501.

VIII. — Puyguilhem, 41 et 119. — Sa descendance, 172. — Un dernier mot sur le château de Puyguilhem, 327.

X. — Puyguilhem, 107.

LAMBERT (Charles-Antoine), chanoine régulier de Chancelade.

IX. — Notes biographiques, 508.

LAMBERTIE (famille DE).

III. — Seigneurie de St-Paul-La-Roche, 157.

VI. — Maîtres de forges, 63. — Possessions dans la châtellenie de Courbefy, 164. — Son rôle dans les guerres de religion, 246. — Détails généalogiques, 302. — Le capitaine protestant Lambertye n'appartient pas à cette famille, 381 et 443.

VII. — Son rôle dans les guerres religieuses, 297-305, 430 et 438.

VIII. — Union avec la famille de Coulonges, 498.

LAMONZIE-MONTASTRUC, commune.

IV. — Objets préhistoriques, 42.

VII. — Copies de tabeaux de maîtres dans l'église, 103. — Bertrand d'Abzac, seigneur, 123. — Tableaux de l'église, 178.

LAMONZIE-ST-MARTIN, paroisse.

II. — Chapelle romane, 281.

LA MOTTE-LA-FOREST, chef des Croquants.

IV. — Ses faits d'armes, 329.

LAMY (Pierre), médecin.

IV. — Son testament, 425.

VIII. — La chambre de chirurgie à Périgueux, 301.

LANDES (Justin), membre de la Société archéologique du Périgord.

IV. — Sa mort, 232. — Nécrologie, 309.

LANOUAILLE, paroisse.

III. — Dénombrement des fiefs, 268. — Vente de la forêt de Plaigne au sieur de Payzac, 281.

IV. — Caverne sépulcrale, 49. — Ancien christ dans l'église, 76. — Essais historiques sur le canton, 177, 277 et 407. — Notice historique, 283.

VI. — Prieuré de Plaigne de l'ordre de Grandmont, 244.

VII. — Deux tumuli, 194.

VIII. — Deniers de Périgueux, 387.

LANQUAIS, commune.

IV. — Dolmen, 46. — Famille de Mons, barons du lieu, 342.

V. — François de La Cropte, seigneur, 129.

X. — Rapports avec La Linde, 528.

LANSADE (famille DE).

IV. — Château de Plaigne, 285.

LAPEYRE (Alexis), trésorier de la Société archéologique du Périgord.

V. — Sa mort, 26. — Nécrologie, 82.

LAPEYRE (Léon), bibliothécaire.

IV. — Notes bibliographiques sur le Périgord, 166.

LAPIERRE (Jean DE), théologien.

X. — Son livre sur la messe, 244.

LA PORCHERIE (Seguin DE), chevalier limousin.

VII. — Son sceau, avec dessin, 463.

LA PORTE (famille DE).

III. — Co-seigneurs de Jumilhac, 335. — Une dame de Mensignac, 431.

IV. — Seigneurs de Rouffiac, paroisse d'Angoisse, 189. — Possessions à St-Astier, 364.

VI. — Jean, seigneur de Champniers, 161. — Aymeri, seigneur de Jumilhac, 164.

VII. — Enquête contre Jean et Tristan, 340. — Hommage au roi de Navarre par Anne, 348.

LAPOURAILLE (Geoffroy), militaire.

X. — Note biographique, 131.

LA PRADÈLE (Raymond DE), archevêque de Nicosie.

X. — Note le concernant, 579.

LA RENAUDIE (du Barry DE), chef de la conjuration d'Amboise.

II. — Deux gravures sur l'entreprise d'Amboise.

VII. — Fief de l'Arnaudie, 494.

VIII. — Sa famille et son fief de La Renaudie, 515.

LARMANDIE (famille DE).

VII. — Fondation du collège de Bergerac, 324.

LARMANDIE (Jacques DE), évêque de Sarlat.

X. — Notice, 281.

LARMANDIE (comte DE), membre de la Société archéologique du Périgord.

VII. — Sa mort, 36. — Nécrologie, 85.

LARMANDIE (comte Charles DE), membre de la Société archéologique du Périgord.

IX. — Hommage à la dame de Saint-Paul de Serre, Anne de Ladouze, 596.

LA ROCHE-AYMON (famille DE).

III. — Hommage au roi de Navarre, 264. — Co-seigneurs de Jumilhac, 345.

IV. — Propriétaires de Prémillac, 198.

V. — Jacques, seigneur de Jumilhac, 124. — Antoine, seigneur de Prémillac, 126. — Fief de Savignac, 218.

IX. — Chapelle sépulcrale à St-Front, 554.

X. — Château du Breuil, 351.

LA ROCHE-AYMON (Charles-Antoine DE), archevêque de Reims.

I. — Branche de sa famille en Périgord, 335.

LAROCHEBEAUCOURT, commune.

IV. — Peulvans, 50.

VI. — Anciennes sépultures, 199. — Pot du XIᵉ siècle, 387.

LA ROCHE-CHALAIS, commune.

III. — Notice historique, 159. — Objets préhistoriques, 307.

IV. — Gisements préhistoriques, 94.

VI. — Hache celtique, 40.

VII. — Vocable de l'église, 178.

X. — Les huguenots, 462.

LA ROCHEFOUCAULD (famille DE).

II. — Seigneurs de Chavagnac, 214.

VIII. — Hommage à l'évêque d'Angoulême, 151.

X. — Pierre-Louis, évêque, 378. — Antoine, 416.

LA ROCHEFOUCAULD-BAYERS (Pierre-Louis DE), évêque de Saintes.

X. — Notice, 378.

LA ROMAGÈRE ou LA ROMAGIÈRE (famille DE).

V. — Notes, 187, 191-2, 210.

X. — Pierre, évêque de Tarbes, 379.

LA ROMAGÈRE (Pierre DE), évêque de Tarbes.

X. — Notice, 379.

LAROQUE-GAGEAC, commune.

IV. — Dolmen, 102.

VI. — Notes de M. de Mourcin, 180. — Célébrée par la poésie, 357.

VII. — L'évêque de Sarlat, seigneur, 64.

VIII. — La monographie de M. Tarde, 52. — Monographie, avec plan, 123. — Ibid., avec dessin, 198. — Vue pittoresque de la ville, 279. — Monographie, 303 et 412.

IX. — Patrie de Jean Tarde, 372, et tombeaux de sa famille, 386.

LASCOUX (J.-B.), membre de la Société archéologique du Périgord.

III. — Sa mort, 190. — Nécrologie, 288.

V. — Ses documents sur la ville de Dome, 99.

LA SELVE (Edgar), membre de la Société archéologique du Périgord.

VIII. — Officier d'académie, 98.

LA TOMBELLE (baron DE), membre de la

— 56 —

Société archéologique du Périgord.

X. — Notice sur un tombeau découvert à Castelnau, avec dessin, 484.

La Tour (famille de).

IV. — Seigneurs d'Eygonie, 198.

V. — Jean, 126. — Guy, sieur d'Ayxideuil, 297.

VI. — Bertrand, historien de Tulle, 389.

VII. — Pétronille, 337. — Hommage à Alain d'Albret par Jean, 344. — Possessions à Tourtoirac, 503.

VIII. — Pierre, seigneur de Latourblanche, 155 et 218.

X. — Censier de Pétronille, 163. — Henri, vicomte de Turenne, 381.

La Tour (Adhémar de), évêque de Périgueux.

II. — Vote le concernant, 301.

La Tour (Emmanuel Théodore de), cardinal de Bouillon.

X. — Notice, 497.

La Tour (Guillaume de), archidiacre de Périgueux.

I. — Charte avec sceau, 246.

La Tour (Henri-Oswald de), archevêque de Vienne.

X. — Notice, 496.

La Tour ou Lastours (Ramnulfe de), évêque de Périgueux.

V. — Son sceau, 378.

VII. — Les Cordeliers à Bergerac, 479.

IX. — Charte de donation à Chancelade, 128.

Latourblanche, paroisse.

II. — Voie romaine, 393.

III. — Fonts baptismaux, 307.

IV — Donation du château à Roger-

Bernard, 365 et 380.

VI. — Dolmen, 377, et silex, 388.

VII. — François de Bourdeille, seigneur, 121. — Restitution du château, 233. — Donation de la châtellenie, 503.

VIII. — Comte de Ste-Maure, baron, 152. — Fief de La Bertrandie, 156. — Hommage du vicomte de Limoges à l'évêque d'Angoulême, 214. — Donations de la châtellenie, 218 et suiv. — Occupation et hommage à Edouard, 222 et suiv. — Arnauld de Bourdeille, 224 et 441. — Aveu d'Alain d'Albret, 226. — Pierre Henri, seigneur, 440. — Chapelle des saints Fabien et Sébastien, 442. — Ancienne pension, 490.

X. — Sceau de Pierre de La Tour-Blanche, 242.

La Tour-du-Pin (famille de).

III. — Seigneurie de La Roche-Chalais, 162.

Laugardière (Ribault de), membre de la Société archéologique du Périgord.

II. — Essais topographiques, historiques et biographiques sur l'arrondissement de Nontron, 380.

III. — *Ibid.*, 135, 332. — Nécrologie sur M. Garreau-Lafaurie, 364. — *Essais sur le Nontronnais* (suite), 458.

IV. — *Essais sur le Nontronnais* (suite), 177, 277, 407.

V. — *Essais sur le Nontronnais*, 45, 186, 334, 420.

VI. — Son zèle historique, 197. — *Essais sur le Nontronnais*, 260, 300.

VII. — *Ibid.*, 67, 148, 385 et 447.

VIII. — Notes historiques sur les châteaux de Bruzac et de Puyguilhem, 115. — *Essais sur le Nontronnais*, 493.

IX. — *Essais sur le Nontronnais*, 575.

LAUGERIE-BASSE et HAUTE, stations préhistoriques de la Dordogne.

I. — Objets en provenant, 76.

V. — Ossements d'un arni-géant, 168.

VI. — Os d'un buffle d'une espèce éteinte ou émigrée, avec dessins, 203.

X. — Armes de jet préhistoriques, 144, 150 et 259.

LAULANIÉ (famille DE).

VI. — Forge de Ste-Croix, 69.

LAURENT (fils), membre de la Société archéologique du Périgord.

II. — Notice nécrologique, 51.

LAUSON (Jean DE), intendant de Guyenne.

VI. — Deux lettres inédites, 473.

LA VALETTE (marquis DE), membre de la Société archéologique du Périgord.

VIII. — Sa mort, 191. — Nécrologie, 268.

LA VALLETTE (duc DE), gouverneur de Guyenne.

IV. — Combat les Croquants, 335.

LAVAU, médecin de Périgueux.

II. — Ouvrage sur les défauts de langue, 154.

LAVIT (famille DE).

V. — Fief de Lavy, 355.

LE BLANT (Edmond), de l'Institut.

II. — D'une pierre antique portant le nom de Saffarius, évêque de Périgueux, 370.

LE BOUX, évêque de Périgueux, prédicateur de Louis XIV.

I. — Sa vie, 41-56. — Son portrait et ses armes, 48. — Evêque de Dax, 94. — Son oraison funèbre d'Anne d'Autriche, 98. — Evêque de Périgueux, 165. — Stations prêchées par lui, 292. — Procès, 297. — Sa mort, 308.

III. — Monitoire adressé à Guill. Joussen, vicaire perpétuel de Brantôme, 410.

IV. — Monitoire au sujet de l'assassinat du bourgeois Juglard, 79. — Droit de prélation de la terre de Bourzac, 276.

VII. — Séjour à Bergerac, 480 et 487.

IX. — Ouverture de la Manufacture de Périgueux, 357. — Bénit les abbés de Chancelade Clary et de Valbrune, 359.

LE BRUN, médecin.

II. — Ses correspondants et ses recherches scientifiques, 359 et 366.

LECLER, membre de la Société archéologique du Limousin.

VI. — Chefs calvinistes à la prise de Périgueux (1575), 245.

VII. — *Ibid.*, 297 et 438.

LÉGUILLAC-DE-CERCLES, commune.

VII. — Pierres druidiques, 194.

LE LONG (Odet), maire de Périgueux.

VI. — Proteste contre l'occupation de Périgueux par les Frondeurs 145.

LEMBLÉ, membre de la Société archéologique du Périgord.

III. — Nécrologie, 102.

LEMBRAS, commune.

IV. — Gisement préhistorique, 42.

LEMOYNE, musicien.

IX. — Note le concernant, 310.

LEMPZOURS, commune.

V. — Notice historique, 336.

IX. — Lettre sur l'église, 210.

LESPINASSB (Jean), médecin poète.

VIII. — Poésies, 49.

LESPINE (abbé DE), érudit périgourdin.

I. — Documents recueillis par lui, 158 et 215.

II. — Notes sur d'anciennes dénominations de lieux, 269. — Notes sur St-Front, ses chapelles, tombeaux d'évêques, et les saints du Périgord, 353 et 447.

III. — Lettres à M. Wlgrin de Taillefer, 106. — Projet de biographie, 129. —Lettres à M. de Taillefer (suite), 177. — Sa nomination de chanoine de Périgueux, notes le concernant , 248. — Lettres à M. de Taillefer (suite), 289. — Cahier de leçons scientifiques, 307. — Ami de la famille de Chantérac, 310. — Lettres à M. de Taillefer (suite), 365. — Lettres à M. de Mourcin, 439. — Ses ancêtres, 441. — Lettres à M. de Taillefer (suite), 511 ; à M. de Mourcin, 512. — Membre de la Société d'agriculture, sciences et arts de la Dordogne, 513.

IV. — Lettres de l'époque révolutionnaire, 33.

V. — Son avis sur les manuscrits incomplets, 172. — Lettres au comte de Taillefer, 363.

IX. — Lettre au curé de Vallereuil, 100.

LESTANG (Antoine DE), président du Parlement de Toulouse.

X. — Extrait de ses ouvrages concernant le Périgord, 230.

LESTRADE DE CONTI (vicomte M. DE), secrétaire de la Société archéologique du Périgord.

I. — Charte délivrée à l'abbaye de St-Astier, par Pierre de St-Astier, évêque de Périgueux, 206.

II. — M. l'abbé Roux, 267.

LEVICOMTE, architecte.

II. — De la conservation des monuments de Périgueux, 247.

III. — La maison de la rue Eguillerie dite Franconi, 131.

VII. — Dessins des vieilles maisons de Périgueux, 431.

IX. — Sa mort, 39.

LEYDET, érudit périgourdin.

I. — Documents recueillis par lui, 158 et 215.

II. — Lettre de Turgot, 268.

IV. — Catalogue de la bibliothèque de Mgr. de Macheco de Prémeaux, évêque de Périgueux, 202.

IX. Ses travaux historiques, 74. — Lettre à M. Tarde de Lisle, sur la bibliothèque du chanoine Tarde, 492. — Notes biographiques, 506.

LEYMARIE (famille DE).

VIII. — Livre de raison, 459 et 489. — Guillaume, sieur de La Roche, demande a être exempté de certaines charges, 470.

IX. — Mort de Guillaume, 342.

LIGUEUX, paroisse et abbaye.

I. — Liste des abbesses, 270. —

VIII. — Suzanne de Ste-Aulaire, abbesse, 173.

IX. — Rapports avez l'abbaye de Solignac, 538.

Limeuil, paroisse.

II. — Plaque en bronze trouvée dans des déblais, 24. — Occupation par les troupes royales, en 1637, 80.

III. — Assemblée de Croquants, 388.

IV. — Monuments préhistoriques, 47. — Au comte de Périgord, 368. — Pierre de Galard, seigneur, 376.

VII. — Grimoard, seigneur, et donation de la seigneurie, 220. — Jean de Galard, seigneur, 335.

X. — Note sur la seigneurie, 497.

Limeyrat, paroisse.

II. — Son église, avec plans, 182.

III. — Rentes dues au roi de Navarre, 271.

IV. — Dolmen, 57.

VI. — François d'Abzac, seigneur, 150.

Limoges (ville et diocèse de).

I. — Eglises du Périgord en dépendant avant 1801, 378.

II. — Paroisses du Périgord en relevant, 386 et 390.

III. — Comptes des recettes et dépenses du vicomté, 260. — Devoirs seigneuriaux dus au roi de Navarre, 270.

IV. — Châtellenies d'Excideuil et de Ségur, aux vicomtes, 179. — Notes sur les émaux, 220. — Inventaire des archives de la vicomté à Montignac, 363. — Arrêt touchant la justice du château, 367. — Composition de la vicomté, 368. — Montre des nobles du Haut-Limousin, 437. — Prise de possession de la vicomté par le roi de Navarre, 443.

V. — Aliénations du domaine faites par Alain d'Albret et Jean, roi de Navarre, dans la vicomté, 118. — Rôle des terres engagées par Alain d'Albret en Limousin, 119. — Les Limousins exemptés par François Ier du logement des gens de guerre, 123. — Rôle de l'arrière-ban de la noblesse de la vicomté, 123. — La vicomté érigée en marquisat, 131.

VI. — Notice sur les anciennes forges, 52. — Procès entre le vicomte et les consuls au sujet de la châtellenie d'Aixe, 150. — Reconnaissances de fiefs et hommages rendus au vicomte par les habitants de la châtellenie d'Excideuil, 167. — Recherches de Baluze, 338. — Monnaies épiscopales, 386.

VII. — Fidélité des habitants, coutumes et juridiction, 221-223. — Redevances foncières au vicomte dans la ville de Nontron, 341-2. — Notes sur les monnaies, 396. — Pièces diverses concernant la vicomté, 495 et suiv.

VIII. — Hommage par le vicomte à l'évêque d'Angoulême pour Latourblanche, 214.

IX. — Règlements synodaux du diocèse, 82. — Les PP. Garat et Clary, abbés de Chancelade, 359.

X. — Sceau de l'évêque de Lisle du Gast, 134. — Famille de Las Tours, 231. — Sceau de Jean de

Bretagne, 243. — L'évêque Chapt
de Rastignac, 273. — Evêques
Henri et Raimond de La Marthonie, 282. — Paroisse de Bussière-Badil. 368. — Saint Sacerdos, évêque, 488. — Eustorge
et Géraud de Scorailhes, évêques, 492-3. — Jean de Langeac,
évêque, 501.

LINGENDES (Jean DE), prédicateur.

   I. — Evêque de Sarlat, 100.

   II. — Sermons inédits, 359.

   III. — Quatre sermons de carêmes
    inédits, 312.

   VIII. — Lettre inédite, 113 et 257.

LIORAC, commune.

   IV. — Dolmen et silex, 46.

LISLE, ville et paroisse.

   I. — Eglise et château, 246.

   II. — Privilèges, 433.

   III. — Histoire de la municipalité de
    1300 à 1789, 403.

   IV. — Armoiries de la ville ignorées,
    25. — Eglise avant la Révolu-
    tion, 260. — Documents à con-
    sulter pour l'histoire, 265. — Dé-
    pend du comte de Périgord, 368.
    — Philippe de Valois cède à Ro-
    ger-Bernard la terre de Lisle,
    378.

   V. — Jean de Lioncel, seigneur,
    126. — Arrêt du Parlement de
    Bordeaux sur la juridiction, 129.
    — Refus de loger et nourrir les
    troupes du roi, 130.

   VI. — Le roi assigne au comte de
    Périgord une somme à prendre
    sur la seigneurie, 156.

   VII. — Divers documents, 223-4. —
    Droits du comte de Périgord,
    346. — Hommage au roi de Na-

varre par les seigneurs, 348.

   VIII. — Cluseaux et rochers, 282.

   IX. — Union de l'église à Chance-
    lade, 128.

   X. — Arnaud de Royard, évêque de
    Sarlat, 379.

LOLIÈRE (l'abbé Lamothe), archiprêtre de
   Champagnac.

   X. — Détails biographiques, 135.

LONGPÉRIER (Adrien DE), membre correspondant de la Société archéologique du Périgord.

   IX. — Sa mort, 81. — Nécrologie,
    189.

LOROIS (Emile), préfet de la Dordogne.

   I. — Discours à l'installation de la
    Société archéologique, 28.

LORTAL (Louise Lavermondie DE), écrivain.

   X. — Ses œuvres, 235.

LOSSE (famille DE).

   IX. — Fondation aux Cordeliers de
    Montignac, 338.

   X. — Mémoire, 572.

LOSTANGES-STE-ALVÈRE (famille DE).

   II. — Legs de Madame Sophie à la
    mère de Mgr de Lostanges, évê-
    que de Périgueux, 85.

   V. — Jean Aymar et Bertrand, sei-
    gneurs de Ste-Alvère, 120 et
    125.

   VI. — Jean-Louis, vicomte de Beduer,
    474.

   X. — Lettre de Mgr de Lostanges
    au sujet de la cure de La Linde,
    615.

LOUBEJAC, commune.

   IV. — Dolmen, 96.

   VII. — *Ibid.*, 200.

LOYS, député du Tiers-Etat.

   VII. — Son avis sur la noblesse, 88.

Loysel, avocat général du Parlement de
Paris.

    IV. — Son rôle à la Chambre de justice tenue à Périgueux en 1583,
118.

Lubersac (famille de).

    IV. — Seigneurs de Savignac-Lédrier,
304.

Lussas, commune.

    VI. — Repaire de Beauvais, 61.

    VII. — Jean Baillot, seigneur, 91.

M

Mabillon, savant bénédictin.

    VI. — Lettre du chanoine de Gérard-
Latour, 338.

Machenaud (docteur), membre de la Société archéologique du Périgord.

    III. — Monitoire adressé par Mgr Le
Boux, évêque de Périgueux, au
vicaire perpétuel de Brantôme,
410.

Maffée, jésuite.

    IX. — Son histoire des Indes, 170.

Magnac (famille de).

    VII. — Divers documents la concernant, 224 et suiv., 388. — Possessions à Milhac, 460. — Divers
actes la concernant, 494 et suiv.

Magne (Alfred), membre de la Société
archéologique du Périgord.

    III. — Un épisode de la Fronde en
Périgord. Lettres inédites d'illustres personnages de ce temps, 50.

    V. — Sa mort, 239. — Nécrologie,
285.

Magne (Pierre), ancien ministre, président d'honneur de la Société archéologique du Périgord.

    VI. — Sa mort, 101. — Nécrologie,
175.

Maigne (docteur Odon), membre de la
Société archéologique du Périgord.

    IX. — Sa mort, 307. — Nécrologie,
414.

Maine de Biran, philosophe.

    IV. — Poésies, 167. — Sous-préfet de
Bergerac, 168.

    VI. — Sa doctrine, 368.

    VII. — Son acte de naissance, 405. —
De ses prétendues poésies, 407.

Maldonat (Jean), jésuite.

    IX. — Traité des anges et démons,
172.

Malebranche (P.), philosophe.

    I. — Vient en Périgord chez le
marquis d'Allemans, 305.

Malet (marquis de), membre de la Société archéologique du Périgord.

    IX. — Sa mort, 417. — Nécrologie,
513.

Maleville (comte de), littérateur.

    IV. — Bibliographie du Périgord,
166.

Mallat (J.), membre de la Société archéologique du Périgord.

    VIII. — Sceau de Hélie de Pelet, évêque de Périgueux, avec dessin,
302.

    IX. — Notes biographiques sur Raoul
du Fou, évêque de Périgueux,
avec portrait, 62 et 451.

Mallet (famille de).

    IV. — Grégoire, seigneur du Pont et
de La Garde, obtient un tombeau
dans l'église de Lisle, 262. —
Généalogie, 286 et suiv.

    VI. — Château de La Farge, 68. —

Nobles de la châtellenie d'Excideuil, 166.

MALTE (ordre DE), ou de St-Jean de Jérusalem.

III. — Commanderie de St-Paul-La-Roche, 150. — Commanderie de La Faye, près Jumilhac, 467.

IV. — Commanderie de Condat, 318.

V. — Église de Vaunac, 335.

X. — Notice sur l'ordre en Périgord, 341.

MANAURIE, commune.

IV. — Monuments préhistoriques, 96.

MANDIN (Jules), architecte.

I. — Notice sur l'église de La Chapelle-St-Robert, 101. — Une visite aux principaux monuments de Rodez, 330.— Notes sur deux vases funéraires, 389.

II. — Notice sur M. Audoynaud, peintre-verrier, 54. — L'église de Limeyrat, 181. — L'église du Saint-Sépulcre de Villeneuve-d'Aveyron, 191. — Architecte de la chapelle de Sainte-Ursule à Périgueux, 347.

MANZAC, paroisse.

II. — Statuette venant de l'église, 21.

IV. — Curiosités archéologiques, 146 et 448.

VII. — Silex, 196.

X. — Sceau de la municipalité en 1790, 118.

MARCHEGAY, membre correspondant de la Société archéologique du Périgord.

VI. — Cha tes anciennes de St-Florent, près Saumur, pour le Périgord, 47, 118, 220.

MARESCHAL (Jean), imprimeur.

VIII. — Exemplaire de la Bible, 36.

MAREUIL (Arnaut DE), troubadour.

VIII. — Poésies, 454.

IX. — *Ibid.*, 204.

MAREUIL (Pierre DE), évêque de Lavaur.

X. — Notice, 377.

MAREUIL (Raymond DE), évêque de Périgueux.

IV. — Notice du P. Labbe, 160.

VII. — Consacre l'église abbatiale de Chancelade, 380.

IX. — *Ibid.*, 119.

X. — Notice, 376.

MAREUIL, paroisse.

I. — Archiprêtré, églises en dépendant, 349.

IV. — Menhir et silex, 50.

V. — Catherine de Clermont, dame du lieu, 121.

VII. — Hommage au roi de Navarre, et biens composant la baronnie, 232. — Usurpations de justice, 339.

IX. — Grottes préhistoriques du canton, 42.

MARIAUD (Casimir), membre de la Société archéologique du Périgord.

VIII. — Nécrologie sur M. Courrière, 269.

MARMIER (G.), membre de la Société archéologique du Périgord.

V. — Gilbert de Dome, sénéchal du Périgord, 99 et 247. — Les seigneurs de Dome, 324.

VII. — La destruction du château de Vitrac dans le Sarladais, 368.

VIII. — Des fourches patibulaires dans le Sarladais au XIVe siècle, 77. — Note sur le lieu d'origine et sur la noblesse de la famille de l'archiprêtre Arnaud de Cervole, 120. — Note sur le troubadour

Raymond Jourdan et sur Alix de Montfort, 409.

IX. — De l'origine du monastère de Sarlat, 542.

X. — De l'emplacement du *monasterium Genoliacense*, 583.

MARMONTEL, écrivain.

VIII. — N'est pas né en Périgord, 29.

MARQUESSAC (famille DE).

V. — Seigneurs du Haut-Bruzac, 351.

VI. — Poncet, capitaine d'Ans, 151-2. — Jean, seigneur de Bruzac, et Raymond, seigneur de St-Pantaly, 474.

VII. — Hommage au roi de Navarre par Amanieu, 348. — Poncet, 349. — Trois paroisses vendues à ce dernier, 495.

VIII. — Jean, juge-mage de Périgueux, 361.

MARSAC, paroisse.

I. — Inscription de sa cloche, 144.

III. — Grès ferrugineux de Puy-Gauthier, 457.

IV. — Monuments préhistoriques, 55.

VIII. — Papeterie, 288.

IX. — Chapelle St-Augûtre, 215. — Eglise, avec dessins, 219. — Procès sur les limites, 559.

X. — Justiciable en partie de Chancelade, 208.

MARSALÈS, paroisse.

I. — Famille seigneuriale de Fargues, 154.

III. — Monument mégalithique, 302.

IV. — Dolmens, 46.

MARSANEIX, paroisse.

IV. — Hommage au comte de Périgord, 365.

V. — Famille seigneuriale de Bo-

din, 91.

VII. — Hommage au comte, 218. — Dénombrement rendu par Raymond de Langlade, 232. — Rôle des rentes dues au comte, 504.

MARTIN (Jean), évêque de Périgueux.

III. — Son portrait, 122.

IV. — Signe pour le clergé des doléances de 1611, 90.

V. — Approuve l'établissement des Récollets de Thiviers, 35.

MARULLE, duumvir de Vésone.

I. — Son inscription, 145.

IX. — *Ibid.*, 296.

MARVAL, commune du Limousin.

VI. — Forge de Baleran, avec dessin, 64.

VII. — Arrêt touchant la paroisse, 232.

MASSOUBRE (Eugène), rédacteur de l'*Echo de la Dordogne*.

I. — Discours à l'installation de la Société archéologique, 21. — Sonnet à Pétrarque en patois limousin, 147.

II. — Sa mort, 23. — Notice nécrologique, 50.

VI. — Son zèle archéologique, 195.

MASSOUGNES (A. DE), membre de la Société archéologique du Périgord.

VIII. — Notes historiques sur quelques fiefs du comté de Périgord relevant de l'évêché d'Angoulême, 150, 214, 364 et 437.

MAULMONT (famille DE).

VI. — Détails historiques, 310.

VII. — Donation à l'abbaye de Peyrouse, 150. — Fiefs de la paroisse de Milhac, 450.

IX. — Gérald, exécuteur testamentaire de Marguerite de Bourgo

gne, 577.

Maurens, commune.

IV. — Gisements préhistoriques, 48.
— Château restitué au comte de Périgord, 380.

VI. —Prieuré de l'ordre de Grandmont, 244.

VII. — Echange de la seigneurie, et autres titres, 233.

Maurice, (P.) membre de la Société archéologique du Périgord.

IX. — Sa mort, 39. — Nécrologie, 77.

Mauzac, commune.

IV. — Dolmen, 46.

Mayac, commune.

VI. — Château, 480.

VII. — Aymar Rey, co-seigneur, rend hommage au roi de Navarre, 348.
— François d'Abzac, seigneur, 490.

VIII. — Notes de voyages, 276.

X. — Guillaume-Joseph d'Abzac, évêque, 72.

Mayenne (duc de), gouverneur de la Guienne.

X. — Plaintes des consuls de La Linde, 418.

Mellet (Antoine-Joseph de Fayolle de), marquis de Neuvic.

III. — Essais poétiques, 166.

V. — Cahier de poésies et de prose 28 et 90.

Mellet (comte de), membre honoraire de la Société archéologique du Périgord.

I. — Le cluseau de St-Léon-sur-l'Isle, 63.

III. — Caverne de St-Léon-sur-l'Isle, 163. — Sa famille, 166.

IX. — Sa mort, 39. — Nécrologie, 78.

Ménesplet, paroisse.

VII. — Revenus du comte de Périgord, 333.

Ménestérol, paroisse.

VII. — Revenus du comte de Périgord, 333.

Menou (famille de).

II. —Branche en Périgord, 86.

VI. — Louis, maître de forge, 69.

Mensignac, paroisse.

II. — Bataille gagnée par les catholiques, 76.

III. — Anne de Laporte, dame du lieu, 431.

IV. — Notes de M. de Mourcin, 148.
— Hommage au comte de Périgord, 365. — Hôpital de Chantegeline, 378.

VI. — Jean Clusel, curé, 281.

VII. — Hommage au comte de Périgord, 233.

VIII. — Ecole, 459.

Méredieu d'Ambois (de), maire de Périgueux.

X. — Lettre de sa femme à M. de Cablanc, 123.

Merlande, ancienne paroisse.

I. — Son prieuré, notice et dessins, 192.

III. — Déprédation des visiteurs, 386 et 454.

VI. — Notes archéologiques, 435.

IX. — Union à Chancelade, 120.

Merlhie (famille du).

III. — Raymond, procureur de Lisle, 404.

Meschin (Guillaume de), évêque de Dol.

X. — Notice, 377.

Mescoules, commune.

IV. — Silex, 47.

Meynard (F.), conventionnel.

II. — Sa correspondance, 369.

Miallet, commune.

VI. — Notice historique, 300. — Château de Lambertie, 443.

IX. — Document sur les foires, 321.

Milhac-d'Auberoche, commune.

IV. — Gisements préhistoriques, 56.

Milhac-de-Nontron, paroisse.

III. — Vente de la justice au seigneur de Lardimalie, 282.

IV. — Accensements faits par Alain d'Albret, 442.

V. — Vente de la paroisse à Etienne de La Marthonie, 119.

VII. — Monuments de l'âge de la pierre, 195. — Ventes de divers domaines, et autres documents, 225 et suiv. — Notice historique sur la commune, 385 et 447.

Mimet (Pierre de), évêque de Périgueux.

II. — Transfère près l'autel Ste-Catherine, à St-Front, les restes de ses prédécesseurs, 115. — Id., 352.

IV. — Notice du P. Labbe, 160.

IX. — Notes le concernant, 122.

Mirand, ancienne paroisse.

IX. — Notice historique, 457.

X. — Charles Anisson, commandeur de St-Antoine, 352.

Miremont, paroisse.

IV. — Grotte, 72 et 320. — Arnaud de Bonneville, chanoine de Périgueux, seigneur, 376.

V. — Ancienne description du cluseau, 306.

VIII. — Origine de ses foires, 369.

Molière, auteur comique.

IV. — Rapports avec La Calprenède, 232.

VIII. — Son passage à Périgueux, 290.

Molières, bastide et paroisse.

IV. — Libertés et coutumes, 415.

V. — Les Anglais, 327.

X. — Sceau de la justice, 242.

Monbazillac, commune.

IV. — Dolmen, 47.

VIII. — Charles d'Aydie, seigneur, 359.

Monmadalès, commune.

IV. — Silex, 45.

Monpazier, paroisse.

I. — Inscription dans l'église, 154. — Archiprêtré, paroisses en dépendant, 385.

II. — La collégiale, 27.

III. — Envoi d'un député aux Croquants, 388.

IV. — Monuments préhistoriques du canton, 46. — Délibération au sujet de la navigation du Drot, 60.

V. — Les Anglais, 327.

X. — Document, 321.

Monpont, ville et paroisse.

I. — La baronnie de Monpont, 134. — Ses redevances, 137.

III. — Ferme des revenus, 262. — Réparations du four, 433.

IV. — Possessions de Raymond de Vernode, 366. — Au comte de Périgord, 368. — Accensements faits par Alain d'Albret, 442.

VI. — Réjouissances publiques en 1782, 270.

VII. — Divers titres, 333 et suiv.

IX. — Monnaies romaines, 97.

X. — La marque ; inscription de la cloche de l'horloge, 33. — Louis de Montlouis, seigneur, 72.

Monsac, commune.

I. — Découverte de tombeaux, 71.

— Notes sur ces sépultures, 251.

VII. — Cluseau d'Escandailles, 180.
— Monuments et gisements de l'âge de la pierre, 192.

VIII. — Polissoir, 466.

X. — Subsistance d'une compagnie de cavalerie, 36. — Sceau de Guill. de La Valade, curé, 242. — Rapports avec La Linde, 528.

MONSEC, paroisse.

VIII. — Inscription du portail de l'église, 469.

MONTAGNAC, paroisse.

III. — Rentes dues au roi de Navarre, 271.

MONTAGRIER (famile DE)

V. — Archambaud, seigneur, 118. — Grimond, seigneur de Mon- — tréal, 126. — Raymond, seigneur de Cheyssac, 126. — Isabeau, femme de Jacques de La Marthonie, 423 et 428.

VI. — Nobles de la châtellenie d'Excideuil, 166.

VII. — Roulin, 234.

MONTAGRIER, paroisse.

II. — Cluseau de la maison Pinasseau, 39.

III. — Famille seigneuriale de Jaubert, 498.

IV. — Monuments préhistoriques du canton, 92. — Note de M. de Mourcin, 148. — Au comte de Périgord, 368.

V. — Marquis de Rastignac, seigneur, 213.

VI. — Ibid., 318.

VII. — Justice et hommage, 234. — Rôle des tailles pour 1658, 432. — Statuettes, 438.

VIII. — Four à tuiles romaines, 100. Pierre antique, 184 ; avec dessin, 406. — Anciens instituteurs, 488.

IX. — Eglise et chapelle St-Sicaire, 429.

X. — Eglises et chapelles Sts-Georges et Sicaire ; monnaie de Charles-Quint, 261.

MONTAIGNE, écrivain.

I. — Prix de quelques éditions des Essais, 393.

II. — Un portrait inédit, 252. — Généalogie de ses descendants, 255.

IV. — Livres et documents le concernant, 389.

V. — Correspondance de sa veuve, 30. — Lettre et signature, 373.

VI. — Inscriptions de sa bibliothèque, 102 et 177. — Eléonore, sa fille, 289. — Autographes, 450.

VII. — Son neveu Raymond, député du tiers-état de Saintonge, 37. — Un de ses portraits, 273.

VIII. — Portrait par Ficquet, 50. — Note, 92. — Au collège de Guienne, 483.

IX. — Inscription relative à son séjour à Rome, 432. — Voyage en Italie, 509.

X. — Ses idées politiques, 468.

MONTAIGNE (Raymond DE), évêque de Bayonne.

X. — Notice, 283.

MONTANCEIX, bourg.

III. — Bataille, 56.

IV. — Dépend du comte de Périgord, 368.

V. — Archambaud de Bourdeille, seigneur, 118.

VI. — Hommage par François de

Bourdeille, 158.

VII. — Archambaud et François de Bourdeille, seigneurs, 234 — Jean Tricard, archiprêtre, 347.

Montardit (famille de).

IX. — Ses illustrations, 136.

Montaut, commune.

IV. — Silex, 45. — Forteresse, 350. Biens du seigneur donnés au comte de Périgord, 379.

VII. — Gaston de Gontaut, seigneur 235.

VIII. — Voie romaine, 386.

X. — Foucauld d'Aubusson, seigneur, 557.

Montbron (Guillaume de), évêque de Périgueux.

IV. — Notice du P. Labbe, 159.

Montbrun (famille de).

VI. — Détails historiques, 306.

Mont-Caret, commune.

VI. — Eglise dépendant de St-Florent, près Saumur, 48, 118, 123 et suiv. 220 et suiv.

VIII. — Détails sur l'église, 396.

Montcuq, seigneurie.

VII. — Divers documents la concernant, 235.

IX. — Possession du duc de Biron, 599.

Montégut (Bonhomme de), membre de la Société archéologique du Périgord.

IV. — Catalogue de la bibliothèque de Mgr Macheco de Prémeaux, évêque de Périgueux, 202.

VI. — Un Périgourdin archevêque en l'île de Chypre, 86.

VII. — Son histoire des États du Périgord, 188.

VIII. — Inventaire des bijoux de Jeanne de Bourdeille, dame de Sainte-Aulaire, avec dessin, 159, 232, 334.

IX. — L'église de Lempzours, 210. — Vaucocourt et Planeaux, avec dessins, 560.

X. — Vaucocourt et Planeaux, 499.

Montferrand (Faubournet de), famille.

VI. — Notes historiques, 162.

Montfort, seigneurie,

IX. — Papier timbré, 429.

X. — *Ibid.*, 122.

Montignac, paroisse et château.

II. — Exécution du traité de Brétigny (1360), 377.

III. — Retrait des archives du comté, 255. — Pièces sur Montignac, 260 et suiv. — Vol d'archives et excommunication de Paul III, 268. — Entretien de la garnison, 434. — Etats du comté assemblés par le vicomte de Limoges (1464), 482. — Soumission à Henri IV, 489.

IV. — Monuments préhistoriques du canton et de la commune, 98. — Dame Mathe d'Albret, 137. — Travaux, 140. — Regnaud de Pons, seigneur, 141. — Inventaire des archives du comté de Périgord et de la vicomté de Limoges, 363 et 367. — Au comte de Périgord, 368. — Assemblée pour répartir la taille, 372. — Echange de partie de la châtellenie pour les terres de Lisle et de Montcuq, 378.

V. — Stations et traces des temps préhistoriques dans le canton, 94 ; avec carte et dessins, 384.

VI. — Echange de la seigneurie, 156.

— Fiefs dus à Alain d'Albret, 166.

VII. — Monuments et gisements de l'âge de la pierre dans le canton et la commune, 198-9. — Geoffroi de Pons, seigneur, 220 et 235. — Coutumes et autres titres, 236-8. — Projet de bibliothèque publique, 276. — Rôle des nobles de la châtellenie, 329, et autres titres, 330. — Curiosités archéologiques, 423.

VIII. — Ancienne école primaire, 489.

IX. — Ancien château, 48. — Fondation d'une mission, 214. — Montignac, avec plan et dessin, 329.

X. — Abri sous roche de la Balutie, 144 et 148. — Le Sr du Bourg, partisan du duc de Mayenne, 350.

MONTIGNAC, près Vauclaire, paroisse.

VIII. — Note historique, 452.

MONTLUC (Blaise DE), homme de guerre.

III. — Bataille de Vergt, 98. — Siège de La Roche-Chalais, 160.

X — *Ibid.,* 462.

MONTPEYROUX, paroisse.

VI. — Chartes concernant l'église, 226 et 230.

MONTPEZAT (DE), gouverneur en Guienne

IV. — Commission à Jacques de St-Astier, 162.

VII. — Sommation à lui faite d'avoir à délivrer le Sr de Champlong, 383.

VIII. — *Ibid.,* 42.

IX. — Chef des Ligueurs, 347.

MONTRAVEL, paroisse.

I. — Archiprêtré, églises en dépendant, 350.

IV. — Dolmen, 47.

VI. — Cession de la chapellenie, 119-

20. — Charte concernant l'église, 230.

MONTREM, commune.

IV. — Pointes de flèches, 56 — Forge gauloise, 80.

VIII. — *Ibid.,* 452.

MOREAUD (Albert), membre de la Société archéologique du Périgord.

IX. — Sa mort, 93. — Nécrologie, 190.

MOREAUD (docteur), membre de la Société archéologique du Périgord.

VI. — Sa mort, 102. — Nécrologie, 179.

MORILHON (Hélie DE), prêtre, écrivain du XVIIe siècle.

III. — Ses ouvrages, 453.

MORTEYROL, érudit.

II. — Sa notice sur la ville et le château d'Excideuil, 234.

IV. — Cartes et plan pour le Périgord, 153.

MORUSCLES, paroisse du Limousin.

II. — La famille de Pasquet détenait des tènements de sa justice, 35.

III. — Comptes des recettes et dépenses de la châtellenie, 261.

IV. — Dépend de la vicomté de Limoges, 368. — Vente au sire d'Albret, 369. — Acensements faits par lui, 442.

VI. — Cession de la terre, 154.

VII. — Donation de la terre au bâtard d'Albret, 217. — Divers autres titres, 335.

MOSNIER (famille DE).

V. — Château de Planeaux, et généalogie, 188.

VI. — Nobles de la châtellenie d'Excideuil, 166

VII. — Adémar, seigneur de Planeaux, 332.

IX. — Château de Planeaux, 366.

MOULEYDIER, commune.

IV. — Gisements préhistoriques, 42. — Monnaie gauloise en argent, 220. — Château restitué au comte de Périgord, 380.

VI. — Echange de la seigneurie, 156.

VII. — Restitution du château, 233.

MOURCIN (DE), philologue périgourdin.

I. — Mystère provençal découvert à Périgueux, 181. — Son cabinet d'antiquités, 253.

II. — Méthode pour copier exactement les inscriptions, 189. — Travaux de linguistique manuscrits, 279.

III. — Lettre de M. Jouannet, 376.

IV. — Notes de voyages en Périgord, 65, 146, 206. — Rocher du Toulon, 385. — Divers monuments aux alentours de Puyferrat, 386. — Notes de voyages en Périgord, 446.

V. — Notes de voyages en Périgord, 82, 152. — Plans de diverses mottes, 162, et autres documents 166. — Notes de voyages en Périgord, 227. — Notes sur des églises de Périgueux, 241. — Notes de voyages, 289. — Monuments de l'époque préhistorique, 295. — Notes de voyages en Périgord, 366, 449.

VI. — Notes de voyages en Périgord, 87, 180, 369, 434 et 510.

VII. — *Ibid.*, 253, 422 et 507.

VIII. — Manuscrits, 30. — Notes de voyages, 95, 178, 276 et 378. — Lettres de M. Gueydon de Dives, 450. — Incendie de la tour de l'Horloge du château de Biron, en 1538, 520. — Lettres d'Henri IV et d'Henri III à M. de Beaufort, 521.

X. — Lettre par M. Boisserie-Lacroix, de La Linde, 222.

MOURIÉ, membre de la Société archéologique du Périgord.

II. — Son livre sur la Guyane française, 143.

MUCIDAN (Grimoard DE), évêque d'Angoulême.

X. — Notice, 283.

MUCIDAN (Islon DE), évêque de Saintes.

X. — Notice, 283.

MUSSIDAN, ville.

II. — Translation de la Cour à cause de la peste, 297.

III. — Etats de Périgord, 451.

IV. — Note des administrateurs du district, 79. — Gisements préhistoriques de la commune et du canton, 93. — Seigneurs, 138 et 145. — Accord avec le comte de Périgord au sujet de la forêt des Trois-Sœurs, 365. — Raymond de Montaut, 366. — Au comte de Périgord, 368.

V. — Jean de Grantmont, seigneur, 121.

VII. — Difficultés avec le seigneur, 220. — Projet de bibliothèque publique, 276. — Divers titres concernant la seigneurie, 336.

IX. — Legs aux pauvres par le marquis de La Force, 250.

X. — Amanieu de Mussidan, 42. — Médaille de St-Benoit, 472.

N

NABINAL (Hélie DE), archevêque de Nicosie.

VI. — Détails biographiques, 273.

X. — *Ibid.*, 579.

NADAILLAC, commune.

IV. — Dolmen, 101. — Les Croquants, 334.

VII. — Rachat de la paroisse par Alain d'Albret, 336.

NAILHAC, paroisse.

VII. — Accord touchant la juridiction, 336.

NALET (N.), membre de la Société archéologique du Périgord.

II. — Portail de l'église de Coursac, avec dessin, 43. — Niche sur l'angle de la maison Mesplier, avec dessin, 44.

III. — Lettre sur la démolition de la tour Mataguerre, 411.

VII. — Bénitier et pierre tumulaire de Payzac, avec dessins, 291.

NANTHEUIL, commune.

V. — Notice historique, 203.

NANTHEUIL DE BOURZAC, paroisse.

III. — Tombeau avec monnaies anglaises, 191.

IV. — Notes sur la châtellenie de Bourzac, 268.

V. — Catherine de Clermont, dame du lieu, 121.

X. — François-Isaac de La Cropte, seigneur, 277.

NANTHIAT, commune.

IV. — Notice historique, 190.

VII. — Audoin Joubert, seigneur, 336.

NAPOLÉON Ier, empereur.

IV. — Gratifie Daumesnil de la terre de Nanthiat, 195.

V. — Elève du collège d'Autun, 298.

NAUCLARD (Guillaume DE), évêque de Périgueux.

IV. — Troubles de son épiscopat, 78. — Notice du P. Labbe, 160.

VI. — Charte concernant plusieurs églises, 229.

IX. — Notes le concernant, 120.

NAUSSANNES, commune.

IV. — Silex, 42.

NAVARRE (royaume de).

III. — Seigneurs tenant des terres à hommage en Périgord et Limousin, 263 et suiv. — Hommages rendus à Henri II par les gentilshommes de Périgord et Limousin, 430.

IV. — Titres de famille, 135.

VII. — Redevances foncières, 331 et suiv. — Rôle des hommages, 348. — Dénombrement du fief de La Rivière-Platet, 492.

VIII. — Don du droit de pêche aux Chartreux de Vauclaire, 447. — Prise de Périgueux, 479.

IX. — Lettres royales, 98. — La ville de Montignac, 331 et suiv. — Famille Mosnier de Planeaux, 572.

X. — Lettres aux consuls de Bergerac, 285. — Lettres relatives au collège de Bergerac, 380. — Les Mosnier de Planeaux, 506.

NAVILLE (Ernest), écrivain génevois.

VII. — Manuscrits de Maine de Biran, 412.

NÉGRONDES, commune.

IV. — Monuments préhistoriques, 57.

IX. — Souterrain, 42.

NÉRAC, ville (Lot-et-Garonne).

III. — Chambre des comptes pour le royaume de Navarre, 260. — Ré-

parations du château, 433.

IV. — Archives de la maison d'Albret, 136.

X. — Recherches dans les archives, 38.

NEUVIC, paroisse.

I. — Archiprêtré, églises en dépendant, 351.

III. — Chanson patoise, 27. — Marquis de Neuvic, 166.

IV. — Gisements préhistoriques de la commune et du canton, 93.

VII. — Château de Frateau, 255.

NOJALS-ET-CLOTTES, commune.

IV. — Dolmens, 42. — *Ibid.* avec dessin, 233.

X. — Flèche en calcédoine, 249.

NONTRON, sous-préfecture.

II. — Essais topographiques, historiques et biographiques sur l'arrondissement, 380.

III. — *Ibid.*, 135. — Noël patois, 217. — Comptes de la châtellenie, 262 et suiv. — Revenus de la baronnie 273 et 276. — Essais sur l'arrondissement, 332 et 458.

IV. — Monuments préhistoriques de l'arrondissement, 48. — Tenue des Etats de Périgord en 1576, 89. — Essais sur l'arrondissement, 177, 277, 407. — Jourdain, prieur, 363. — Fourches patibulaires, 364. — Dépend de la vicomté de Limoges, 368. — Acensements faits par Alain d'Albret, 442.

V. — Essais sur l'arrondissement, 45, 186, 334, 420.

VI. — Forge de Chez-Baillot, 61. — Fiefs dus à Alain d'Albret, 166. — Essais sur l'arrondissement, 260.

— Le Moutier, 378 et 458 avec dessin.

VII. — Essais sur l'arrondissement, 67, 148, 385 et 447. — Monuments et gisements de l'âge de la pierre dans l'arrondissement, 193. — Jourdain, prieur, 225. — Sépulture d'Itier de Magnac, 231. Projet de bibliothèque publique, 276. — Titres concernant la paroisse, 337 et suiv. — Vente de la baronnie par la reine de Navarre, 343 et suiv.

VIII. — Aperçu de l'instruction publique avant 1789, 485. — Essais sur l'arrondissement, 494.

IX. — Chartes en langue vulgaire, 538. — Essais sur l'arondissement, 575. — Trois chartes limousines (XIIᵉ et XIIIᵉ siècles), 154.

NONTRONNEAU, paroisse.

VIII. — Procès au sujet de la mouvance, 364.

NOTRE-DAME-DE-SANILHAC, paroisse.

III. — Rentes aux Clarisses de Périgueux, 192.

IV. — Peulvan, 56, — Butte de terre 153.

V. — Inscription lapidaire, 93.

O

ORLIAGUET, commune.

IV. — Silex, 96.

X. — Billets de confiance, 354.

P

PALEYRAC, paroisse.

I. — Archiprêtré, paroisses en dépendant, 384.

III. — Objets de l'époque mérovingienne, 379.

PALLOY, patriote.

VIII. — Lettre au maire de Périgueux, 391. — Fabricant de petites Bastilles, 399.

PALUT (P.-P.), membre de la Société archéologique du Périgord.

IV. — Nécrologie sur M. Alfred Tronche, 308.

PARDAILLAN (Pierre d'Escodéca, baron DE), homme de guerre.

VIII. — Son assassinat, 271.

PARROT (Docteur H.), membre de la Société archéologique du Périgord.

X. — Nécrologie sur le docteur Jules Parrot, 563.

PARROT (docteur Jules), membre de la Société archéologique du Périgord.

X. — Sa mort, 466. — Nécrologie, 563.

PASQUET (DE), famille.

II. — Avaient acquis d'Henri IV divers tènements de la justice de Payzac et Moruscles, 35.

IV. — Seigneurs de Langlade, p^se de Sarrazac, 186; de Savignac-Lédrier, 303.

PAUNAT, monastère et paroisse.

I. — Liste des prévôts, 271.

IV. — Gisements préhistoriques, 47.

PAUSSAC, paroisse.

IV. — Dolmen du Bas-Prézac, 22 et 92.

VII. — Statuettes anciennes, 425. — Découverte du sceau de S. de La Porcherie, 428.

VIII. — Grottes et pierres druidiques, 283.

PAVILLON (chanoine DU), membre de la Société archéologique du Périgord.

X. — Ses œuvres, 126.

PAYZAC, paroisse.

II. — La famille de Pasquet détenait des tènements de sa justice, 35.

III. — Revenus de la prévôté, 261-2. — Vente de la seigneurie, 274. Rachat de Mgr d'Escars, évêque de Langres, 281. — Vente de la justice à Noël Pellote, 287.

IV. — Dolmen, 49, — Tour du Chavan, 223. — Notice historique, 293. — Dépend de la vicomté de Limoges, 368. — Notes, 410.

V. — Estimation des revenus de la seigneurie, 130.

VI. — Cession de la terre, 134. — Fiefs dus à Alain d'Albret, 166 — Confrérie des Cornards, 182. — Pierre tumulaire, 291. — Bénitier de l'église, 385.

VII. — Vente de la terre à M. de Savignac, 217. — Bénitier et pierre tumulaire, avec dessins, 291.

PAZAYAC, paroisse.

VII. — Biens de mainmorte, 244. — Biens nobles, 247.

PELET (Hélie DE), évêque de Périgueux.

VIII. — Son sceau, 33. — *Ibid.*, avec dessin, 302.

PENCHENAT, abbé de Chancelade.

IX. — Se plaint de la multiplicité des cabarets, 37.

X. — Détails biographiques, 205.

PERGOT (l'abbé), curé de Terrasson.

I. — Abbés de Terrasson, 287.

IV. — Ses ouvrages, 29.

X. — Origines chrétiennes des hôpitaux du Périgord, 566 et 575.

PÉRICARD (François DE), évêque d'Au

goulême.

VIII. — Procès au sujet de la mouvance de diverses terres, 364.

Périgord (province de).

I. — Aperçu de son histoire, 23 et 33. — Ses monuments et ses archives, 34, 35. — Chants patois, 152 — Puits anciens dans les églises, 164. — Son état après les guerres protestantes, 168. — Sous la Fronde, 169. — Droit du seigneur, 217.

II. — Poésie sur les gloires du Périgord, 22. — Procès au sujet du comté, en 1490, 74. — Signatures des députés du Tiers-Etat au bas du serment du Jeu de Paume, 87. — Papiers relatifs à l'histoire, 256. — Catalogue des nobles de l'Élection, 258. — Rôle du fouage imposé par le prince de Galles, 273. — Note sur les Etats du Périgord, 289. — Guerres de religion et les Croquants, 304. — Les chants patois, 305. — Saints en honneur, 353. — Exécution du traité de Brétigny (1360), 374. — Coup-d'œil sur l'histoire, 380. — Voie romaine, 392. — Liste d'ouvrages à consulter pour l'histoire générale du Périgord, 449.

III. — Documents pour l'histoire de la Fronde, lettres d'illustres personnages, 50. — Monuments anciens, 110. — Pratiques à la cérémonie du mariage, 129. — La légende du connétable de Bourbon dans les campagnes, 167. — sur les fontaines sacrées, 183. —

Droit de monnayage, 194. — Noël patois, 213. — Les archives du comté à Pau, 254. — Comptes des recettes et dépenses du domaine, 260. — Seigneurs rendant hommage au roi de Navarre, 267 et suiv. — Invasion des Croquants du Périgord dans l'Agenais, 388. — Troubadours, 443. — Etats de Périgord, 450 et 482. — Les Croquants et les Frondeurs, 485.

IV. — Camps romains, 30. — Curiosités archéologiques signalées par M. Gueydon de Dives, 80. — Sur les Etats de Périgord, 87. — Du langage patois, 128. — Les archives du comté à Pau, 134. — Cartes et plans de Morteyrol, 153. — Les Normands, 159. — Un mot sur la bibliographie, 166. — Le comté et Philippe-Auguste, 316. — Les Croquants, 325. — Inventaire des archives du comté à Montignac, 363. — Composition du comté, 368 et 374. — Rôle des revenus du comte dans diverses paroisses, 429. — Vente du comté par le duc d'Orléans au vicomte de Limoges, 431. — Prise de possession du comté par le roi de Navarre, et autres titres, 443. — Notes archéologiques de M. de Mourcin, 63, 146, 206 et 446.

V. — Les calvinistes, 58. — Notes archéologiques de M. de Mourcin, 82, 152, 227, 289 et 366. — Monnaie hélienne des comtes, 95. — Les Anglais, 106. — Montre des nobles faite par Alain d'Albret, 117. — Aliénations du domaine faites par Alain d'Albret et Jean,

roi de Navarre, dans le comté, 118. — Rôles des terres engagées par Alain d'Albret, 119. — Droit de nommer les maîtres d'école dans le comté, 122. — Les habitants exemptés par François Ier du logement des gens de guerre, 123. — Rôle de l'arrière-ban de la noblesse du comté, 123. — Privilèges de juridiction accordés par le roi Jean, 131. — Etat agricole, 145. — Introduction du maïs et de la pomme de terre, 146. — Etats de 1651, 164. — Les Anglais, 248 et 327. — Sceaux des comtes, 378.

VI. — Bibliographie, 43. — Chartes anciennes de Saint-Florent, près Saumur, 47 et 118. — Notices sur les anciennes forges, 52 et suiv. Notes de voyages, par M. de Mourcin, 87, 180, 369, 434 et 510. — Anciennes coutumes aux mariages, 98. — Documents sur la Fronde, 145. — Etats de 1583, 187. — Ses poètes, 354. — Les commissions de quêteurs pour le rachat des captifs, 501.

VII. — Coup-d'œil historique, 174. — Notes de voyages, par M. de Mourcin, 253, 422 et 507. — Alain d'Albret, comte, 372. — Histoire de l'art provincial, 469.

VIII. — Le Périgord, chanson, 89. — Notes de voyages, par M. de Mourcin, 95, 178, 276 et 378. — Rapports avec l'Angoumois, 104. Notes historiques sur quelques fiefs du comté de Périgord relevant de l'évéché d'Angoulême, 150 et 214. — Armes de jet préhis-

toriques, 194. — Note sur les Croquants, 352. — Cloches, 390. — Liste de documents des archives nationales, 410. — Lettres de M. Gueydon de Dives sur des antiquités, 450. — Troubadours, 454. — Confirmation de privilèges, 455. — Croquants, 457. — Liste de manuscrits de la Bibliothèque nationale, 478. — Aperçu de l'instruction publique avant 1789, 480.

IX. — Les Croquants, 48. — Nobiliaire, 49. — Un fort vitrifié, 53. — Recherches sur les historiens du Périgord au XVIIe siècle, 67, 162 et 257. — Découverte par le Dr Jules Parrot des signes de syphilis sur des crânes de l'époque préhistorique, 96. — Etats tenus par la Ligue, 165. — Mémoire de la Généralité de Guyenne, 199. — Géologie, 200. — La Fronde, 240. — Manuscrits de la Bibliothèque nationale, 244. — Diverses pièces, 321. — Tentatives d'histoire par les Chanceladais, 505 et suiv. — Sigillographie, 523.

X. — Prélats issus du Périgord, 72, 197, 275, 372 et 488. — Les Anglais, 88. — Armes de jet préhistoriques, 137. — Mardelles ou clottes et coupelles, 227. — Dames du Périgord, 230. — Ancienne description, 246. — Les cluseaux, 263. — Notice sur l'ordre de Malte, 341. — Lettres de M. de Verthamon sur les troubles de 1635, 384. — La peste, 392. — Réunion à la Guyenne, 513.

PÉRIGUEUX (diocèse de).

I. — Son état après les guerres du

xvi° siècle, 167. — Sous la Fronde, 169. — Nombreux synodes, 170. — Union des deux chapitres de Périgueux, 173. — Dévastations au xvi° siècle, 242. — Liste des abbés qui ont gouverné les anciennes abbayes, 260. — Pancarte qui divise les deux diocèses de Périgueux et de Sarlat, 343. — Division en archiprêtrés, 346.

II. — Ancien pouillé, 275. — Députés du clergé aux Etats, 290. — Tombeaux des évêques, 352. — Saints en honneur, 353 et 356.

III. — Démolition d'édifices, 29. — Pancarte, 195. — Organisation du diocèse, avec carte, 226. — Origine du diocèse, 236. — Opérations du collecteur des deniers de Clément VII, 374.

IV. — Jean d'Asside défend le diocèse contre les malfaiteurs, 160. — Droit de prélation accordé par l'évêque de la terre de Bourzac, 276. — Contestations au sujet de l'église de Doëne, 344. — Rôle de la taxe payée au roi par les paroisses, 374. — Accord avec le comte au sujet de la justice, 375.

V. — Chartes de l'abbaye de St-Florent près Saumur, 96. — Procès du comte contre l'official sur le droit de nommer les maîtres d'école dans le comté, 122. — Mémoire relatif à la juridiction, 128. — Les Récollets, 196. — Sceaux d'anciens évêques, 378.

VI. — Missions du P. Honoré, 36. — Institution des quêtes pour le rachat des captifs, 37. — Chartes anciennes de St-Florent près Saumur, 47, 118 et 220. — Documents sur la Fronde, 145. — Eglises et chapelles de l'abbaye de St-Florent, 233. — Prieurés de l'ordre de Grandmont, 243.

VIII. — Documents des Archives nationales, 410 et 478.

IX. — Les Récollets, 260. — La Réforme, 262. — Divers documents, 305 et 321.

X. — Sceau des Frères Mineurs de Périgueux, 36. — Sceau de la Cour de l'Officialité, 117. — Œuvres du chanoine du Pavillon, 126. — L'abbé Lolière, vicaire-général, 135. — Voyage de Bertrand de Goth, 241. — Droit de chape, 579.

Périgueux (ville de).

I. — Ses archives, 35. — Enceinte murale gallo-romaine de la Cité, avec deux dessins, 39. — Eglise de St-Georges des Barris, 66. — Fouilles au couvent de Ste-Ursule, 159. — Puits anciens dans ce couvent et à la cathédrale de la Cité, 165. — Son ancienne constitution, 166. — Eglise de la Cité, 171. — St-Front devient cathédrale, 174. — Etats Généraux de 1649, 211. — Notes historiques du xvi° siècle, 241. — Registres de l'hôtel-de-ville, 243. — Cour des Aides, 244. — Liste des abbesses de Ste-Claire, 276. — Fondation de l'hôpital général, 295. — Mission prêchée par le P. Honoré, 299. — Chapelle de la Visitation, 300. — Armoiries

de la ville et de la Cité, 310.

II. — Hommage à Philippe-Auguste, 69. — Maître G., médecin, mandé près de Raimond VII, comte de Toulouse, 70. — Chapelle Saint-Antoine à Saint-Front, 117. — Divinité panthée trouvée dans l'Isle, 125. — Couvent des Ursulines, 138. — Chapelle de la Cité, 248. — Inscription de la maison de la rue Eguillerie, 251. — Maires et consuls, 259. — Les Visitandines aux Arènes, 260. — Mairie perpétuelle, 260. — Filles de la foi, 260. — Débordement de l'Isle, 261. — Fête de Sainte-Anne, 261. — Nomination des prud'hommes, 262.— Saint Silain, patron de la ville, avec dessin, 264. — Anciennes dénominations de lieux à Périgueux et aux environs, 269.— Léproseries, 272.— Monastère de Ste-Claire, 273. — Eglises au XIII⁰ siècle, 273. — Extrait du petit Livre Noir, 276.— Cimetière de St-Pierre-Laneys, 283. — Chapelle de Ste-Ursule, 347. — Notes historiques sur St-Front et ses chapelles, 351. — Fouilles à St-Pierre-Laneys, 360. — La pierre de St-Augûtre, 363. — Traité de confédération avec Brive, Sarlat et Figeac, 368. — Plainte d'un maître perruquier, 443. — Hôpitaux et église Saint-Pierre-Laneys, 448.

III. — Démolition de l'abbaye de St-Front, 29. — Age de la pierre, 197. — Canonicats de la collégiale, 228. — Mémoire sur l'époque de la Terreur, 122. — Mai-

son Franconi, son inscription avec *fac-simile*, 131. — Eglise latine de St-Front, 192. — Description du Puy-St-Front et de la cité, 236. — Etat religieux au XVIᵉ siècle, 240. — Hôpital de Corneboeuf, 290 et 366. — Pierre à St-Front portant le mot : *Frontonis*, 303 et 305. — Murailles aux Arènes, 307. — Atelier monétaire anglo-français, 308. — Concession de sépultures dans l'église de St-Front, 317. — Chapellenies à la nomination du chapitre, 369. — Dénombrement fait au roi en 1679, 372. — Société littéraire, 379. — Démolition projetée de la tour Mataguerre, 411. — Le sieur de Vivans, gouverneur, 432. — Droit de préséance aux Etats, 451. — Soumission à Henri IV, 488. — Denier d'argent de l'époque mérovingienne frappé à Périgueux, 502. — Anciens hôpitaux, rue Taillefer, cours du Vigier et du Célerier, 513.

IV. — Station préhistorique du Petit-Puy-Rousseau, 23. — Refuge du Toulon, 26. — Chambres souterraines de la rue Limogeanne, 30. — Monuments préhistoriques de la commune et du canton, 55. — La Comédie à Périgueux, 79. — Le maire Bordes signe les doléances de la ville en 1611, 90. — La Chambre de justice en 1583, 115. — Eloge de la ville, par Loysel, 118. — Lettre sur la restauration de la cathédrale de St-Front 120. — Aremburge, abbesse de Ste-Claire, 136. —

Garnison fidèle au sire d'Albret, 140. — Monnaies du Prince Noir, 149. — Les Normands, 159. — Tombeau de St-Front sculpté, 159. — Incendie du Puy-Saint-Front, 159. — Cimetière des pauvres, 160. — Noviciat d'une sœur ursuline, 164. — Table pascale de la Cité, 218. — Ponts de la ville, 229. — Etablissement de la Cour des Aides, 246. — Translation de la Cour d'appeaux à Ségur, 315. — La ville et Philippe-Auguste, 317. — Projet de fouilles aux Arènes, 322. — Accord avec le comte touchant la justice, 364. — Droits du comte sur certains métiers et denrées, 370. — Pierre de Castanet, maire, 371. — Accord entre le comte et Pierre, abbé de St-Front, au sujet des tailles, 372. — Cimetière des Frères Prêcheurs, 373. — Frères Mineurs, 374. — Prêt par la ville à Du Guesclin et à Arnaud d'Espagne, 381. — Rocher du Toulon, 384. — Château des Rolphies, 392. — Les exécutions criminelles, 399. — Legs par Pierre Lamy, chirurgien des grandes écuries du roi, 426. — Compagnie des maîtres en chirurgie, 429.

V. — Ancien hôtel-de-ville ; tour Mataguerre, 28. — Station préhistorique de Petit-Puyrousseau, 38. — Fondateurs du collège, 90. — Entrée du prince de Condé, 97. — Sa bourgeoisie, 147. — Silex taillés de l'âge du mammouth, 159. — Pierre Fournier, maître chirurgien, 163. — Silex taillés de l'âge du mammouth, 173. — Inscription mentionnant les *Primani*, avec photographie, 176. — Plan de la ville en 1575, 220. — Rocher de l'Ermitage du Toulon, 220. — Logement de la Cour présidiale en 1776, 236. — Ses monuments au XVIIe siècle, 305. — Inscription à Cybèle, 316. — Monument augural au Musée, avec dessin, 322. — Sceaux de la ville, de la sénéchaussée et du chapitre, 378.

VI. — Mission du P. Honoré, 36. — Le plus ancien journal, 42. — Cathédrale de St-Front, 96. — Un pèlerin arménien, 186. — Inventaire des archives, 187. — Prise par les Calvinistes, 246 ; reprise, 254. — Construction de la chapelle St-Jean de la Cité, 280. — Livre prioral du couvent des Frères Prêcheurs, 284. — Objets gallo-romains, 291. — Découverte d'un mystère provencal, 293. — Escalier de la maison de St-Astier, 381 et 468. — Moulin de Labateu, 382. — Environs de la ville, côté du Toulon, 434.

VII. — Chapelle St-Jean à St-Front, 34. — Monnaie romaine frappée à Trèves, représentant Crispe, 96. — Inhumation du cardinal de Talleyrand, 98 et 103. — Arrêt concernant les notaires, 184. — Monuments et gisements de l'âge de la pierre dans l'arrondissement et la commune, 196. — Observations au sujet des Aré-

nes, 269. — Antiquités de la ville, 277. — Droits de juridiction, 344-6. — Procès entre le comte et le chapitre de St-Front, 347-8. — Dessins de vieilles maisons, 431. — Tableau du vieux Périgueux, 441. — Enquête sur les prétentions du chapitre de St-Front, 505.

VIII. — Cloche de St-Front, 34. — Société littéraire, 38. — Découverte de tombeaux devant le porche de la cathédrale, 43 et 99. — Découverte de divers objets, 112-3. — Maîtres pintiers et leurs marques de fabrique en 1520, 158. — Mesure bladale de pierre, 195. — Le tombeau de Mgr de Francheville, évêque, 261. — Tombeaux de St-Front, 287. — Chapelle St-Come et St-Damien, églises St-Hilaire et Ste-Eulalie, 289. — Passage de Molière, 290. — Chambre des chirurgiens, 300. — Modèle de la Bastille, 391. — Découverte de sarcophages, 394. — Lettre de Henri III sur la prise de Périgueux, 479. — Aperçu de l'instruction publique avant 1789, 480.

IX. — Fonte de canons, 36. — Multiplicité des cabarets, 39. — Inscription du musée lapidaire, 80. — Pierre de Montmaur, régent de collège, 94. — Portes de la rue Aubergerie, 98. — Les Anglais, 131. — Les Grands Jours et les Calvinistes, 137. — Sépulture d'Arnault La Borie, 168. — Le P. Bord, recteur du collège, 172. — Inscriptions du musée lapi-

daire, 191, 294, 414 et 515. — Procès sur les limites de Marsac, Agonac, Coursac et St-Laurent, 217. — Les Calvinistes, 223. — Documents de la Bibliothèque nationale, 246. — Le P. Dupuy et sa famille, 258. — Hommage par le P. Dupuy de son histoire du Périgord, 261. — Mairie de Jay d'Ataux, 279. — Inventaire des archives, 282. — Mairie de Chevalier de Cablanc, 285. — Pénitents gris, 289. — De la construction de l'église St-Front, 300. — Salière en terre rouge, 303. — Divers documents, 305. — Fondation de la Manufacture, 356. — Gros de Beler, abbé de Chancelade, 363. — Paroisse St-Martin, 413. — Paroisse St-Georges, 435. — Apothicaire de la Mission, 436. — La date de St-Front, 440. — Un fléau d'armes, 530. — Edit du roi sur la justice en 1601, 531. — Anciens imprimeurs, 531-2. — Origines de St-Front, 536 et 546. — Chapelle sépulcrale qui se voit en dehors de Saint-Front, du côté de la Clautre, 553. — Chapelle St-Jacques, dans l'église St-Silain, 593.

X. — Inscription dans le clocher de St-Front, 116. — Procès des consuls avec le maire d'Ambois, 123. — Hôpital Ste-Marthe et chapellenie St-Antoine, 124. — Eglise latine de St-Front, 132. — Don au Musée de douze gravures, 135. — Clocher de St-Front, 228. — Description de l'ancienne ville, 231. — Origines de Saint-

Front, 238. — Impression des deux premiers livres , 244 — Premiers imprimeurs , 245. — Armes de jet préhistoriques d'E-cornebœuf, 251 et 255. — Lettres relatives aux guerres de religion, 284. — Sondages dans le porche de St-Front, 348. — Deux bro-chures sur les rues , 357. — Peintures de l'hôtel Gamanson, 359. — Sceau seigneurial du chapitre de St-Front, 462. — Ecrits du chanoine de Gérard sur les antiquités, 464. — Sceau du couvent de la Visitation, 464. — Concession de tombeau à St-Front , 475. — Rente de Ste-Claire aux Cordeliers, 475-6. — Manuscrit d'Horace, 573. — Société littéraire en 1780, 593 — Prospectus de charlatan du XVIIe siècle, 664.

PEYRAT (LE), archiprêtré.
   I. — Eglises en dépendant, 362.
PEYRIGNAC, commune.
   VIII. — Château de La Chapoulie, 187. et 299.
   X. — Marquis de Rastignac, sei-gneur, 275.
PEYROUSE, abbaye.
   I. — Liste des abbés, 273.
   VII. — Notice historique, 149.
PEYSSARD, conventionnel.
   II. — Maire de Périgueux, 92.
PEYZAC, commune du Sarladais.
   IV. — Gisements préhistoriques, 98.
   V. — Station du Moustier, 399, 409 et 410.
   VII. — Gisements de l'âge de la pierre, 199.
PILHAC, paroisse (Charente).

I. — Archiprêtré, églises en dépen-dant, 348 et 365.
   VII. — Foucauld Teulier, archiprêtre, 347.
PINET, conventionnel.
   IV. — Ses poésies, 167.
PIZOU (LE), commune.
   IV. — Dolmen, 93.
   VII. — Revenus du comte de Péri-gord, 334.
PLAZAC, commune.
   V. — Stations et gisements préhistori-ques, 400.
   VII. — Gisements de l'âge de la pierre, 199.
POILLE, sieur de St-Gratien, poète.
   VI. — Ses sonnets, 282 et 294.
POLIGNAC (famille DE).
   II. — Seigneurs de Chavagnac, 214.
POMPADOUR (famille DE).
   IV. — Seigneurs de Château-Bouchet, 189.
   VII. — Donation par la dame de Peys-sac et de la Borie, 349.
POMPADOUR (Geoffroi DE), évêque de Pé-rigueux.
   IX. — Notes sur sa vie, 136.
   X. — Son épitaphe, 575.
PONS (Elie DE), évêque d'Angoulême.
   X. — Notice, 378.
PONS (Geoffroy DE), évêque de Maille-zais.
   X. — Notice, 378.
PONS (Pons DE), évêque de Saintes.
   X. — Notice, 377.
PONS (Raymond DE), cardinal, évêque de Périgueux.
   X. — Notice, 377.
PONS (Regnault DE), capitaine.
   II. — Seigneur de Ribérac, 72.
   IV. — Transaction avec la ville de

Bergerac, 62. — Philippe de Valois le récompense, 136. — Seigneur de Bergerac, 137 et 141. — Son mariage, 142. — Transaction au sujet de la justice de Bergerac, 366.

V. — Capitaine pour le roi ès-parties du Périgord et du Limousin, 102.

VI. — Seigneur de Montignac et Bergerac, 151. — Donation des seigneuries de Bars et du Chaylard, 155.

VII. — Transaction avec Bergerac, 127.

PONTARD, évêque constitutionnel de la Dordogne.

X. — Lettre à Mgr de Flamarens, 34.

PONTEYRAUD, paroisse.

VII. — Revenus du comte de Périgord, 333.

PONTOURS, commune.

II. — Son antiquité, son importance et ses monuments, 420.

X. — Ravages de la peste, 393. — Rapports avec La Linde, 513. — Notes historiques, 652.

PONT-SAINT-MAMET, paroisse.

V. — Note de M. de Mourcin, 82.

POUJOL, paroisse.

VIII. — Mémoires du curé Lapoujade, 397.

POURTENT (famille DE).

II. — Originaire de St-Pardoux, 328.

VII. — Fief de la Glaudie, 448. — Son anoblissement, 454.

POUYANOU, membre de la Société archéologique.

IV. — La station préhistorique d'Auberoche, 234.

VIII. — Hommage du seigneur de Grésignac au comte de Périgord, 443. — Bourgeois de Périgueux exemptés d'impôts sur le rôle de la paroisse de Verteillac, 492.

PRÉMEAUX (Macheco DE), évêque de Périgueux.

III. — Translation de la relique de St-Eusice à Jumilhac, 471.

IV. — Catalogue de sa bibliothèque, 202. — Notice sommaire, 203.

VII. — Etablissement à Bergerac d'une confrérie de la Miséricorde, 321.

PRIMEROSE (Gilbert), ministre protestant.

IV. — Le vœu de Jacob, 151.

VIII. — Deux ouvrages, 108.

PROISSANS, commune.

IV. — Silex, 102.

PRUNIS (abbé), érudit périgourdin.

I. — Dévastateur du château de Laforce, 36. — Documents recueillis par lui, 215.

III. — Ses papiers, 111 et 368. — Livres et manuscrits, 375.

V. — Ses manuscrits historiques 365.

VII. — Projet de bibliothèque à Saint-Cyprien, 276.

IX. — Notes biographiques 508 et suiv.

X. — Prise de possession du prieuré de St-Cyprien, 465.

PUYGUILHEM, château.

II. — Porte d'entrée, avec dessin, 318.

V. — Jean Flament, seigneur, 117.

VI. — Date de la construction, 380, 440, 469.

VII. — Excursion archéologique, 443.

VIII. — Construction, 41. — Notes historiques, 115. — Date, 300. — Un

dernier mot sur le château, 327 et 353.

IX. — Répartition des impositions royales sur les paroisses de la juridiction, 497.

X. — Le château, avec dessin, 106.

Q

QUATREFAGES (DE), membre de l'Académie des sciences.

IV. — De l'ancienneté et de l'unité de l'espèce humaine, 310.

IX. — L'archéologie préhistorique, par M. le baron de Baye, 605.

QUEYSSAC, commune.

IV. — Silex, 43.

QUINSAC, commune.

IV. — Silex, 49.

VI. — Château de Vaugoubert et famille d'Aydie, 412 et 496.

VII. — Famille de Pourtent, 91 et 456.

X. — Arnaud d'Aydie, seigneur, 73.

QUINTE (LA), archiprêtré.

I. — Eglises en dépendant, 353 et 360.

R

RABIER, écrivain du Périgord.

VIII. — Un de ses ouvrages sur Erasme, 385.

RAMÉ (A.), membre du Comité des travaux historiques.

IX. — St-Marc de Venise. — St-Front de Périgueux, 546.

RAMNULFE, évêque de Périgueux.

X. — Note historique, 571.

RAMPIEU, commune.

IV — Dolmen, 42.

X. — Ibid., 569.

RANCONNET (Aimar DE), savant du XVIe siècle.

VI. — Sa naissance et ses attaches au Périgord, 34 et 35. — De son origine, 407.

VII. — Ibid., 145.

RAOUL, évêque de Périgueux.

I. — Restaurateur de l'église de St-Astier, 207.

RAYMOND, évêque de Périgueux.

V. — Nommé archevêque de Bordeaux, 361.

RAYMONDEN, grotte, commune de Chancelade.

II. — Objets en provenant, 25. — Description, 42.

IV. — Station préhistorique, 54.

V. — Ibid., 39.

X. — Armes de jet, 140.

RAYNAUD (de Thiviers), évêque de Périgueux.

IV. — Notice du P. Labbe, 159.

V. — Note de M. de Laugardière, 49. — Fonde l'église de St-Jean-de-Côle, 421.

VIII. — Sa mort, 462. — Notes sur son épiscopat, 475.

X. — Notice, 498.

RAZAC, paroisse et bourg.

III. — Famille seigneuriale de Bayly, 483 et suiv.

IV. — Distribution de l'eau de la fontaine, 31. — Hommage du seigneur, 367.

V. — Poncet de Bayly, 124.

VI. — Hugues de Bayly, 322. — Famille seigneuriale de Ranconnet, 408.

VII. — Terrains de Gravelle, 260.

VIII. — Sablière de Gravelle, 55.

Rencogne (de), correspondant de la Société archéologique du Périgord.

IV. — Sa mort et son éloge, 320.

Reverdit, membre de la Société archéologique du Périgord.

V. — Stations et traces des temps préhistoriques dans le canton de Montignac-sur-Vézère, avec carte et dessins, 384.

Rey (Jean), chimiste.

II. — Ami de Le Brun, 359.

Reynier ou Raynier (famille de).

V. — Fonde à Thiviers le couvent des Récollets, 196. — Fief de Lavergne, 218. — Une fille mariée au sieur de La Guionie, 338.

X. — Sceau de Guillaume, prieur de Périgueux, 242.

Reyrac (de), chanoine régulier de Chancelade.

X. — Notice, 204.

Rezay (de), évêque d'Angoulème.

VIII. — Lettre au sujet de la seigneurie de Grésignac, 367.

Ribérac, sous-préfecture.

II. — Regnault de Pons, seigneur, 72. — Chanson patoise, 305.

III. — Chant patois des moissonneurs, 20. — Cluseaux, 28. — Revenu de la châtellenie, 264.

IV. — Nomenclature des monuments et gisements de l'époque anté-historique dans l'arrondissement, 92. — Hommage du seigneur, 367. — Au comte de Périgord, 368. — Information à la requête du sire d'Albret contre les habitants, 369.

V. — Arrêt du Parlement de Bordeaux sur la saisie de la terre de Ribérac, 129.

VI. — Gabriel Chapt de Rastignac,

seigneur, 312 et 318. — Gabrielle d'Aydie, dame de Rastignac, 476. M. de Bellussière, 479. — Trois d'Aydie, vicomtes, 494.

VII. — Monuments et gisements de l'âge de la pierre dans l'arrondissement, 197. — Odet d'Aydie et Anne de Pons, seigneurs, 219. — François d'Aydie, 235 — Projet de bibliothèque publique, 276. — Vente de la châtellenie, 490. — Documents sur la ville, 491-2.

VIII. — Erection de la vicomté en comté, 171. — Régiment commandé par Armand d'Aydie, 273.

X. — Lettre de M. de Verthamon au sujet du comte, 388.

Ribeyreix (famille de).

III. — Seigneurie de St-Priest-les-Fougères, 144.

Riboulet (l'abbé), curé de Chancelade.

I. — *Etude historique sur Mgr G. Le Boux, évêque de Périgueux*, 41-56, 94-101, 166-179, 289-309.

IV. — Traduction des Fragments du P. Labbe sur les évêques de Périgueux, 158.

V. — J.-B. Augustin de Salignac-Fénelon, 136.

IX. — L'abbaye de Chancelade, 64, 116, 223, 350.

X. — L'abbaye de Chancelade, 203.

Richard Cœur-de-Lion, roi d'Angleterre.

II. — Note le concernant, 302.

VII. — La vérité sur sa blessure et sa mort, 232.

Robert (Charles), de l'Institut.

V. — Inscription de Périgueux mentionnant les *Primani*, 176.

VI. — De l'association du culte de Vesunna et de Tutela, 452.

Roche (famille de).

VII. — Note la concernant, 360.

IX. — Sceau de Jean Damascène, 541.

Roche (Léonard), chanoine régulier de Chancelade.

IX. — Notes biographiques, 503.

Rochechouart (famille de).

III. — Propriétaire du château de Jumilhac, 357. — Illustrations, 360.

VII. — Seigneurs de St-Saud-la-Coussière, 69.

Rodez, capitale du Rouergue.

I. — Aperçu historique, 321. — Ses principaux monuments, 331.

IX. — L'évêque consent à la réunion d'Aubrac à Chancelade, 361.

X. — Raymond de Caumont, évêque, 375.

Roffignac (famille de).

II. — Seigneurs de Chavagnac, 213.

X. — Bertrand, évêque de Sarlat, 378.

Roffignac (Bertrand de), évêque de Sarlat.

X. — Notice, 378.

Rohan-Chabot (famille de).

III. — Seigneurs de Maroite, 48.

V. — Fief de Cablanc, 221.

Romain, commune.

VII. — Tumulus, 195.

VIII. — Essai historique, 494.

Romme, conventionnel.

II. — Administre la Dordogne, 89.

Roquecorn (de), évêque de Sarlat.

VII — Union à Sarlat du doyenné d'Issigeac, 62.

Rouffignac, commune.

IV. — Monuments préhistoriques, 99.

VII. — Archambaud de Montozon, curé, 547. — Possessions d'E-

tienne de Graulet, 492.

X. — Château de L'Herm, 122.

Roumejoux (A. de), vice-président de la Société archéologique du Périgord.

I. — Rapport sur le congrès archéologique tenu à Toulouse et à Agen du 1er au 10 juin 1874, 140. — Notes sur l'église de Carsac, près Sarlat, 235.

II. — Chapelle de Ste-Ursule à Périgueux, 347.

III. — Soumission des villes de Périgueux, Sarlat, etc., au roi Henri IV, 487.

IV. — Etablissement de la Cour des Aides à Périgueux, 246.

V. - Rapport sur la station de Puy-Pinson, 166. — Dolmen de Giverzac, 246. — Heurtoir de l'hôtel-de-ville de Domme, 272. — Note sur le n° 99 du musée lapidaire de Périgueux (monument augural), avec dessin, 322.

VI — Demi-dolmen de Teyjat, avec dessin, 259. — Pierres tombales du cimetière de Coulaures, avec dessins, 299. — Les numéros 62 et 63 du Musée de Périgueux, avec dessins, 390.

VII. — Chancelade, avec dessin, 378· Première excursion archéologique, 440.

IX. — Nécrologie sur M. le comte de Mellet, 78. — Essai de bibliographie périgourdine, 299. — Amphithéâtres d'Arles et de Vésone, 438.

Rouquette, commune.

IV. — Monuments préhistoriques, 43.

V. — Château-de-Pinquet, 304.

VI. — Découverte de monnaies gauloises, 386.

ROUSSELOT-BEAULIEU, membre de la Société archéologique du Périgord.

VI. — Nécrologie, 426 et 437.

ROUSSILLE, ancienne châtellenie.

V. — Notes de M. de Mourcin, 83.

VII. — Transaction touchant la justice et autres pièces, 493 et 505.

ROUX (famille DE).

VIII. — Seigneurie de Romain, 504. — Fief de La Salle-Maulmont, 514. — Fief de Lusson et de Pombol, 517-8.

ROUX (l'abbé), curé de Bertric.

II. — Nécrologie, 267.

ROUX-FAZILLAC, conventionnel.

I. — Martelage d'inscriptions, 145.

ROYARD (Arnaud DE), évêque de Sarlat.

X. — Notice, 379.

ROYÈRE (Jean-Marc DE), évêque de Castres.

X. — Notice, 379.

S

SACERDOS (Saint), évêque de Limoges.

X. — Notice, 488.

SADILLAC, commune.

III. — Notice historique, 421.

SAFFADIE, évêque de Périgueux.

II. — Inscription lapidaire, 358 — Pierre antique portant son nom, avec dessin, 370.

SAINT-AIGNE, commune.

IV. — Gisement quaternaire, 46.

X. — Rapports avec La Linde, 528.

ST-AMAND-DE-BELVÈS, commune.

V. — Dolmen, 89.

VII. — Ibid., 198.

IX. — Dolmen, 322. — Jean Tarde, curé, 399.

ST-AMAND-DE-COLY, paroisse et abbaye.

I. — Inscription tumulaire dans l'église, 158. — Inventaire des ornements et vases sacrés au XVe siècle, 218. — Logement de gens de guerre en 1585, 240. — Liste des abbés, 284. — Une sentence ecclésiastique au sujet d'un différend avec l'abbé et MM. de Salignac, 339.

II. — Sceau de l'abbé Pierre, 367.

III. — Hommage au roi de Navarre, 265.

IV. — Gisements préhistoriques, 99. — Inscription tumulaire dans l'église, 393.

V. — Sceau de Johandau Jal, 372. — Stations et gisements préhistoriques, 402-3.

VII. — Sceau du prieur d'Argenteuil, 30. — Silex taillés, 199.

VIII. — Fourches patibulaires, 79-80.

X. — Tombeau de Guillaume, abbé, 571.

ST-ANDRÉ-DE-DOUBLE, paroisse.

V. — Martial de Chabans, seigneur, 128.

SAINT-ANGEL, paroisse.

VII. — L'abbé François d'Aydie, 210.

VIII. — Plaque de cheminée, avec dessin, 204.

ST-ANTOINE-D'AUBEROCHE, commune.

IV. — Station préhistorique, 56.

VII. — Vente de la justice à Léonard de Calvimont, 493.

SAINT-APRE, paroisse.

III. — Seigneurs de Razac; transaction avec le prieur Thibault au sujet de la justice, 486.

IV. — Découverte d'objets curieux, 33.

V. — Inscription funéraire de Vivianus, 234.

VI. — Débris romains, 33.

VIII. — Anciens instituteurs, 488.

IX. — Fragment de statue en marbre, 43 et 85.

X. — Reconnaissance par les tenanciers de La Lande, 134. — Fragment de chapiteau, 359.

SAINT-AQUILIN (commune de).

I. — Son dolmen, 64. — Fouilles pratiquées dans le dolmen, avec dessins, 123-134.

IV. — Monuments préhistoriques, 93.

VI. — Prieuré de l'ordre de Grandmont, 244. — Notes de voyages, 436. — Curiosités archéologiques, 510.

VII. — Ferme des dîmes, 432.

IX. — Alain de Solminihac, né au château de Belet, 224.

SAINT-ASTIER (commune de).

I. — Tombeau en pierre, 74. — Charte de l'abbaye en 1159, 161. — Puits ancien à Puyferrat, 165. — Charte à l'abbaye, 206. — Restauration de l'église, 207. — Liste des abbés, 274.

II. — Sceau du chapitre, avec dessin, 142.

III. — L'abbé Pierre des Mortiers, collecteur des deniers de Clément VII, 374.

IV. — Silex, 56. — Sceau du chapitre aux armes de l'abbé de La Baume-Forsac, avec dessin, 131. — Curiosités archéologiques, 147. — Eglise rebâtie par l'évêque de Coulhé, 159. — Au comte de Périgord, 368. — Raymond, seigneur, 373. — L'abbé Archambaud de Périgord, 375. — Prise de la ville, 381. — Divers monuments aux alentours de Puyferrat, 386.

VII. — Geoffroi, abbé, 344. — Réunion à la sénéchaussée de Périgord, 491.

SAINT-ASTIER (famille DE).

IV. — Lettres de Jacques au roi Charles IX, 161.

VI. — Donation au collège de Bergerac par François, 156. — Nobles de la châtellenie d'Excideuil, 166.

VII. — Jacques, seigneur de Lisle, 224. — Arnaud, seigneur de Crognac, 229.

VIII. — Arnauld, évêque de Tulle, 192.

IX. — Donations à l'abbaye de Chancelade, 124.

X. — Prélats, 74. — Foucauld, Sʳ de La Barde, 381.

SAINT-ASTIER (Arnaud DE), évêque de Tulle.

VIII. — Note le concernant, 192.

X. — Notice, 74.

SAINT-ASTIER (Pierre DE), évêque de Périgueux.

I. — Coup-d'œil sur son épiscopat, 56-8. — Donation à l'abbaye de La Faye, 59. — Charte à l'abbaye de St-Astier, 208.

IV. — Né à Lisle, 260. — Sa famille propriétaire de Lisle, 265.

V. — Son sceau, 378.

VII. — Les Frères Prêcheurs à Bergerac, 481.

X. — Notice, 73.

ST-AUBIN-DE-CADELECH, commune.

IV. — Silex, 44.

ST-AUBIN-DE-LANQUAIS, commune.

IV. — Dolmen de Fénis, 45.

VII. — Procès touchant la seigneurie, 493.

St-Aubin-de-Nabirat, commune.

IV. — Gisements préhistoriques, 97.

Saint ou Sainte-Aulaire (famille de).

VIII. — Le baron de Coutures, 166 et 352. — Suzanne, abbesse de Ligueux, 173. — Annet, seigneur de Fontenilles, 174. — Garderobe d'Antoine, 336. — Jean, maître d'hôtel de François Ier, 338. Goût pour la chasse, 344. — Château de La Barde, 353. — Testament d'Antoine, 357.

X. — Prélats, 198.

Saint-Aulaire (André-Daniel de Beaupoil de), évêque de Tulle.

X. — Notice, 193.

Saint-Aulaire (Martial-Louis de Beaupoil de), évêque de Poitiers.

X. — Notice, 199.

Saint-Aulaire (comte de), membre de l'Académie française.

I. — Son Histoire de la Fronde, 44.

VI. — Détails sur sa famille, 413.

VIII. — Sur l'Anacréon de Sceaux, 92. — Détails sur sa famille, 174.

Saint-Aulaire (comte Henri de), membre de la Société archéologique du Périgord.

VIII. — Sa mort, 39. — Nécrologie, 94.

Saint-Aulaire (marquis de), membre de la Société archéologique du Périgord.

VI. — Lettre au sujet de la biographie de l'abbé d'Aydie, 347.

Saint-Avit-Sénieur, prieuré.

I. — Liste des prieurs, 285.

III. — Réunion du chapitre à celui de Sarlat, 206.

X. — Château, 224.

St-Barthélemy-de-Bussière, commune.

IV. — Pierre druidique, 48.

VII. — Roc branlant et tombelles, 193.

Saint-Capraise-d'Eymet, paroisse.

II. — Vestiges romains, 203.

IV. — Dolmen, 44. — Grotte, 215.

VII. — Hache polie, 29 et 192.

Saint-Capraise-de-Lalinde, paroisse.

II. — Curiosités, 282. —Chapiteaux et piliers de l'église, 360.

X. — Rapports avec La Linde, 528.

St-Chamassy, commune.

IV. — Monument préhistorique, 100.

V. — Jean de Beaupuy, seigneur, 127.

St-Cernin-de-Labarde, commune.

IV. — Dolmens, 45.

St-Cibranet, commune.

IV. — Monuments préhistoriques, 97.

St-Cirq, commune.

IV. — Dolmen, 96.

VI. — Notes de M. de Mourcin, 370.

St-Crépin-de-Mareuil, commune.

VII. — Le château de Richemont et sa chapelle, 200. — Pierre plantée, 429.

Saint-Cyprien, commune.

I. — Pierre et boiseries remarquables de l'église, 78. — L'ancien prieuré, 79. — Liste des prieurs, 286.

III. — Hommage au roi de Navarre, 269.

IV. — Gisements préhistoriques, 100.

V. — Notes de M. de Mourcin, 290 et 366.

VI. — Mise en ferme des revenus de la seigneurie, 155. — Rachat par Amanieu de Foix, évêque de Carcassonne, 164. — Notes de M. de Mourcin, 369-71.

VII. — Note sur son église, 173. — Projet de bibliothèque publique, 276.

IX. — Restauration du prieuré par l'abbé de Chancelade, Gros de Beler, 364.

X. — Déclassement de l'église, 357. — Prunis, prieur, 465. — Découverte d'un crâne, 467.

SAINT-CYR-LES-CHAMPAGNES, commune.

IV. — Notice historique, 305. — Réunie à la Dordogne, 414.

VII. — Vente de la seigneurie à Antoine de Pompadour, 493.

SAINT-ESTÈPHE, commune.

IV. — Roc branlant, 50.

ST-FÉLIX, commune.

IV. — Monuments préhistoriques, 46.

ST-FRONT-DE-CHAMPNIERS, commune.

VII. — Acensement du domaine de l'Albanie, 226. — Ventes de domaine et de rentes, 494.

VIII. — Procès au sujet de la mouvance, 364.

ST-FRONT DE LA LINDE, paroisse.

X. — Rapports avec La Linde, 513 et 528. — Notice historique avec dessins, 635.

ST-FRONT-DE-PRADOUX, commune.

IV. — Flèche, 93.

ST-FRONT-LARIVIÈRE, commune.

IV. — Dolmens, 51.

VI. — Forges de Caneau et de Ruyère, 69.

VII. — Fief de l'Arnaudie, 494.

VIII. — Essai historique, 512.

SAINT-GENIÈS, paroisse.

I. — Ses monuments, 216.

IV. — Les Croquants, 334. — Hommage du seigneur, 367.

IX. — Inscription de la chapelle du Chalard, 98. — Famille seigneuriale de Gontaut, 139 et suiv.

X. — Armand de Gontaud, 381.

ST-GEORGES-DE-MONCLARD, commune.

IV. — Silex, 48.

ST-GÉRAUD-DE-CORPS, commune.

IV — Gisement quaternaire, 48.

ST-GERMAIN-DES-PRÉS, paroisse.

VII. — Hommage à Alain d'Albret, 494.

X. — Sceau, 568.

ST-GERMAIN-ET-MONS, commune.

IV. — Gisements préhistoriques, 43.

ST-GÉRY, paroisse.

VIII. — Château gaulois, 452.

ST-GEYRAC, commune.

IV. — Silex, 56.

IX. — Donation à l'église et au chapelain, 428.

ST-JEAN-D'ATAUX, paroisse.

VII. — Curiosités archéologiques, 255.

SAINT-JEAN-DE-COLE, paroisse et prieuré.

I. — Liste des prieurs, 277.

IV. — Construction de l'église, 159.

V. — Droits de collation du chapitre, 340. — Chapelle St-Saturnin près Bruzac, 342. — Notice historique, 420.

VII. — Deux cavernes, 196. — Son église, 442.

VIII. — Bénitier, avec dessin, 267. — Chapiteau roman, avec dessin, 474.

IX. — Mortier en bronze, 46.

X. — Décoration de l'église, 70. — Aymeric, prieur, 575.

ST-JEAN-D'ESTISSAC, commune.

IV. — Documents la concernant, 230.

V. — Château de la Poncie, 137.

VIII. — *Ibid.*, 114.

St-Jory-de-Chalais, commune.

III. — Précis historique, 148.

IV. — Demi-dolmen, 194.

St-Jory-Lasbloux, paroisse.

IV. — Pierres tumulaires de l'ancien cimetière, 393.

VIII. — Notes archéologiques, 180.

St-Julien-d'Eymet, commune.

IV. — Station préhistorique, 84.

VII. — Monuments et gisements de l'âge de la pierre, 192.

St-Laurent-de-Castelnaud, commune.

IV. — Monuments préhistoriques, 97.

St-Laurent-sur-Manoire, commune.

V. — Terre et seigneurie à la famille de Bodin, 91.

VI. — Commissaire pour faire la quête en faveur des captifs, 503.

IX. — Procès sur les limites, 217 et 559.

St-Lazare, paroisse.

VII. — Biens de mainmorte, 244. — Biens nobles, 247.

St-Léon-d'Issigeac, commune.

IV. — Dolmens, 45.

VIII. — Hache polie, 31. — Tumulus, 386.

IX. — Dolmen et pierre tombale, 528.

St-Léon-sur-L'Isle, commune.

I. — Son cluseau, 63.

III. — Caverne sépulcrale, 28.

IV. — Gisements préhistoriques, 56.

V. — Souterrain du Pey-du-Rap, 376.

VII. — Curiosités archéologiques, 255-6 et 422.

IX. — Souterrain de Pey-du-Rap, 324.

St-Léon-sur-Vézère, commune.

I. — Inscription d'une chapelle, 77.

IV. — Station préhistorique, 100.

V. — Stations et gisements préhistoriques, 392-399 et 409.

VI. — Charte relative à un sacrilège, 292. — Inscription de la chapelle du cimetière, 378.

VII. — Gisements de l'âge de la pierre, 199. — Hommage de la dame Hélène de Guerre au comte de Périgord, 494.

Saint-Marcel, archiprêtré.

I. — Eglises en dépendant, 371.

IV. — Dolmen, 46.

Saint-Marcory, commune.

IV. — Dolmen, 47.

St-Martial-d'Artenset, commune.

V. — Réjouissances publiques en 1782, 244.

VI. — *Ibid.*, et drapeau tricolore, 270.

VII. — Revenus du comte de Périgord, 333. — Procès sur la possession, 495.

IX. — Union de l'église à Chancelade, 121.

St-Martial-d'Excideuil, paroisse.

VIII. — Note archéologique, 180.

St-Martial-de-Ribérac, commune,

VIII. — Cluseau, 282.

St-Martial-de-Valette, commune.

VI. — Portail de l'église, 465.

VII. — Accensement du domaine de l'Albanie, 226.

Saintmartin (Octave), membre de la Société archéologique du Périgord.

III. — Fondateur de l'église de Boulazac, 509.

X. — Nécrologie, 344 et 345.

St-Martin-de-Fressengeas, commune.

IV. — Dolmen, 51.

V. — Notice historique, 433.

St-Martin-de-Limeuil, paroisse.

II. — Inscriptions de son église, avec fac-simile, 298. — Son église, 300.

St-Martin-le-Peint, commune.

VII. — Accensement de la terre du Fraycher, 226. — Vente de rentes, 336-7. — Vente de la seigneurie, 340.

VIII. — Procès au sujet de la mouvance, 364.

St-Mayme, commune.

V. — Notes de M. de Mourcin, 83.

St-Méard-de-Drône, paroisse.

IV. — Maison de Vals au s^r de Vernode, 377.

VIII. — Hache néolitique, 286.

St-Médard, près Excideuil.

I. — Archiprêtré, 374.

VI. — Forge de la Farge, 68.

IX. — Fort vitrifié, 53, 84 et 101.

St-Michel-Montaigne, commune.

IV. — Dolmen, 48. — Document sur le château, 168.

V. — Pierre Eyquem, 127.

St-Michel-de-Villadeix, commune.

IV. — Silex, 58.

St-Orse, commune.

IV. — Dolmen, 57. — Hommage du seigneur au comte de Périgord, 367.

V. — Antoine de Fanlac, seigneur, 120. — François, 125.

VI. — Pierre de Fanlac, 152. — René d'Hautefort, seigneur, 474.

VII. — Hommages à Alain d'Albret, 495.

VIII. — Notes archéologiques, 96.

IX. — Legs à l'église par Arnault La Borie, 168.

X. — Bonaventure Crete, curé, 34.

St-Pantaly-d'Ans, commune.

V. — Pierre Joubert, seigneur, 124.

VI. — Raymond de Marquessac, 474.

VII. — Vente à Poncet de Marquessac, 495.

St-Pantaly-d'Excideuil, commune.

IV. — Vente de maison par Arnaud de Fayolle au comte de Périgord, 434.

VII. — Maison noble de La Roche, 492.

VIII. — Notes archéologiques, 180.

St-Pardoux-La-Rivière, paroisse et prieuré.

I. — Liste des prieures, 277.

II. — Registre de l'abbaye, 201. — Extraits du terrier du monastère, 323. — Château, 325. — Dimes, 332. — Fondation du monastère, 334.

VI. — Terrier de l'abbaye, 57. — Essai sur le canton, 260 et 300.

VII. — *Ibid.*, 148, etc. — Gérard de Maulmont, fondateur de l'abbaye, 453. — Divers documents, 495.

IX. — Essai historique, 575.

St-Pardoux-et-Vielvic, commune.

IV. — Monuments préhistoriques, 95.

St-Paul-de-Serre, paroisse.

I. — Inscription de sa cloche, 395.

IV. — Silex, 58. — Curiosités archéologiques, 146.

V. — Notes de M. de Mourcin, 84. — Hommage à Anne de Ladouze, dame du lieu, 97. — Notes de M. de Mourcin, 152.

IX. — Etat des rentes en 1463, 436. — Hommage à la dame Anne de Ladouze, 596.

St-Paul-La-Roche, commune.

III. — Précis historique, 150.

VII. — Monuments et gisements de l'âge de la pierre, 194.

X. — Eglise de Puy-Martin, 132. — Jean Flameng, vicaire, 354.

St-Pierre-de-Chignac, paroisse.

III. — Vente de la justice à Jean Foucaud de Lardimalie, 276.

X. — Billets de confiance , 354. — Médaille de St-Benoît, 361.

St-Pierre-de-Côle, commune.

V. — Notice historique, 339.

VII. — Son église, 442.

VIII. — Voir au mot *Bruzac* pour le château.

St-Pierre-de-Frugie, commune.

II. — Monographie historique, 398.

St-Priest-les-Fougères, commune.

III. — Notice historique, 142.

VII. — Trois tumuli, 194.

St-Privat-des-Prés, commune.

V. — Poterie gauloise, 305.

VII. — Remplacement de la municipalité, 432.

IX. — Incorporation de Mirand , 460.

X. — Puits funéraires, 460.

Saint-Pulgent (Léon de), préfet de la Dordogne.

II. — Nécrologie, 265.

St-Rabier, commune.

VIII. — Notes archéologiques, 95.

X. — Marquis de Rastignac, seigneur, 275.

St-Romain-St-Clément, commune.

V. — Notice historique, 432.

St-Saud, commune.

IV. — Mégalithe, 51.

VII. — Notice historique , 67 et 148. — Abbaye de Peyrouse, 149.

St-Sauveur, commune.

IV. — Silex, 43.

VII. — Revenus du comte de Périgord, 334.

St-Sulpice-d'Excideuil, commune.

IV. — Notice historique, 196.

VII. — Vente de la seigneurie, 496.

St-Sulpice-d'Eymet, commune.

IV. — Silex, 44.

St-Sulpice-de-La Linde, paroisse.

X. — Ravages de la peste , 393. — Rapports avec La Linde , 512 et 528. — Notice historique, 628.

St-Sulpice-de-Mareuil, commune.

VI. — Forge et château de Bernardières, 66.

Saint-Sylain, évêque de Zamora.

X. — Notice, 488.

St-Vincent-de-Connezac, paroisse.

III. — Tableau remarquable dans l'église, 26.

St-Vincent-de-Cosse, paroisse.

VI. — Notes archéologiques, 369.

X. — Bénédiction des cloches , 465.

St-Vincent-Jalmoutier, paroisse.

VII. — Revenus du comte de Périgord, 333.

St-Vincent-le-Paluel, commune.

IV. — Silex, 102.

V. — Eglise brûlée par les Anglais, 249.

IX. — Station préhistorique, 313.

X. — Documents relatifs au château, 362. — Station préhistorique de Cantelouve, avec dessin, 580.

St-Vincent-sur-l'Isle, paroisse.

IX. — Union de l'église à Chancelade, 121.

St-Yrieix, ville du Limousin.

VII. — Divers documents, 496 et suiv.

Sainte-Alvère, paroisse.

III. — Passage de troupes (1562), 98.

IV. — Gisements préhistoriques de la commune et du canton, 47.

V. — Jean Aymar de Lostanges, seigneur, 120. — Bertrand de Lostanges, 125.

VII. — Antoine Parni, curé, 347.

X. — Château de Longas, 223.

STE-AULAYE, commune.

IV. — Tombeaux circulaires, 215.

V. — Cluseau et grotte, 232.

VIII. — Cluseaux, 285. — Charles de Chabot, seigneur, 455.

X. — Tombes circulaires, 460.

STE-COLOMBE, paroisse.

X. — Ravages de la peste, 393. — Troubles, 518. — Rapports avec La Linde, 528. — Suppression de la commune, 537. — Notice historique, 622.

STE-CROIX-DE-MAREUIL, commune.

VI. — Teston en argent de Henri VIII, 201.

STE-EULALIE-D'ANS, commune.

IV. — Silex, 44. — Camp de César, 208.

V. — Découverte d'une faux murale, 244 et 371. — Plan du camp gaulois, 376.

VI. — Flèche en silex, 92. — La faux murale, avec dessin, 112.

VII. — Gisements de l'âge de la pierre, 196.

STE-EULALIE-SUR-DORDOGNE, paroisse.

VI. — Donation de l'église au prieur de Mont-Caret, 129. — Charte concernant l'église, 229 et 230.

VI. — Sceau trouvé au château de Gorce, 29.

STE-MARIE-DE-CHIGNAC, paroisse.

III. — Vente de la justice au seigneur de Lardimalie, 280.

IV. — Note de M. de Mourcin, 209.

STE-MARIE-DE-FRUGIE, ancienne paroisse.

III. — Notice historique, 135.

SAINTE-MAURE (Honoré, comte DE), gentilhomme de Mgr le Dauphin.

VIII. — Baron de Latourblanche, 152.

STE-MONDANE, paroisse.

VII. — Naissance de Fénelon, 184.

IX. — État administratif, 380.

STE-NATHALÈNE, commune.

IV. — Silex, 102.

STE-RADEGONDE, commune.

IV. — Station préhistorique, 45.

STE-SABINE, commune.

IV. — Dolmen, avec dessin, 114.

SALAGNAC, paroisse et château.

II. — Manuscrits en provenant, 24 et 45.

III. — Fiefs payés par la paroisse, 261.

IV. — Dépend de la vicomté de Limoges, 368.

SALAGNAC (famille DE).

III. — Co-seigneurs de Jumilhac, 342 et suiv.

V. — Raymond, seigneur de Chapdeuil, 118. — Jean, seigneur de Verteillac, 124.

VII. — Antoine revend la paroisse de Nadaillac, 336.

SALEGOURDE (Raymond de St-Paul DE), ecclésiastique.

I. — Fonde l'hôpital de Périgueux, 295.

IX. — Ibid., 356.

SALIGNAC (famille DE).

IV. — Boson, évêque de Comminges, 218.

V. — Hélie, évêque de Sarlat, 109. — Odet, seigneur de Graulejac, et Arnaud, de La Mothe-Fénelon, 125.

VI. — Louis II, évêque de Sarlat, 283.

VII. — Antoine acquiert les seigneuries

de Larche et Terrasson, 219. — Lettre d'Anne de Casseneuil, épouse de Jean, seigneur de La Mothe Fénelon, 295. — Antoine, 373.

VIII. — Château de la Poncie, 114. — Armand, seigneur de La Roque, 141, 304 et 423. — Louis, évêque de Sarlat, 428.

IX. — Titres de la maison, 245. — François, évêque de Sarlat, 373. — Louis, id., 378 et 395. — Nécrologue de la cathédrale de Sarlat, 403. — Bertrand, 466. — Alliance avec la famille de Gérard, 469. — Episcopat de François, 473.

X. — Evêques, 489. — Armand, seigneur de Gaulejac, 586.

SALIGNAC (Bertrand DE), diplomate.

II. — Ses ambassades et ses mémoires, 75.

SALIGNAC (Boson DE), évêque de Comminges.

X. — Notice, 489.

SALIGNAC (Boson et Hélie DE), archevêques de Bordeaux.

X. — Notices, 489.

SALIGNAC (François DE), évêque de Sarlat.

X. — Notice, 490.

SALIGNAC (Louis DE), évêque de Sarlat.

X. — Notice, 490.

SALIGNAC (Louis II DE), évêque de Sarlat.

X. — Notice, 490.

SALIGNAC (Pons DE), évêque de Sarlat.

X. — Notice, 490.

SALIGNAC, commune.

IV. — Monuments préhistoriques du canton et de la commune, 101. — Les Croquants, 334.

VII. — Antoine de Salignac, seigneur' 373. — Hommage au roi de Navarre, 498.

SALIGNAC-FÉNELON (Barthélemy DE), évêque de Pamiers.

X. — Notice, 491.

SALIGNAC-FÉNELON (Léon-François DE), évêque de Lombez.

X. — Notice, 491.

SALIGNAC-FÉNELON (l'abbé DE), fondateur de l'œuvre des Petits-Savoyards.

V. — Notice, 27. — Etude sur sa vie, 136.

VIII. — Château de La Poncie, 114.

SALIMBENE (frère), chroniqueur.

VI. — Ses travaux historiques, 427.

SALIS (Grimoard DE), évêque de Poitiers.

X. — Notice, 492.

SALLEGOURDE (famille Macanan DE).

III. — Livre de comptes, 380.

SALLES-DE-BELVÈS, paroisse.

IX. — Naissance de Pierre Thomas, bienheureux, 484.

X. — Ibid, 496.

SANGUINET (E. DE), gentilhomme gascon.

VI. — La Dodécade de l'Evangile, 103, 184 et 199.

X. — Ibid., 451 et 453.

SARLANDE, commune.

IV. — Notice historique, 180.

SARLANDIE (ARTHUR), membre de la Société archéologique du Périgord.

II. — M. Léon de St Pulgent, 266.

SARLAT (ville et diocèse de).

I. — Puits ancien dans la cathédrale, 165. — Liste des abbés du diocèse, 231. — Mission prêchée par le P. Honoré, 299. — Pancarte qui divise les deux diocèses de Périgueux et de Sarlat, 343. — Archiprêtré, églises en

dépendant, 359 et 381.

II. — Confirmation des privilèges de Sarlat par Henri IV, 177. — Occupations de la ville pendant la Ligue, 180. — Chant patois des moissonneurs , 308. — Divers sceaux, 366. — Traité de confédération avec Périgueux , Brive et Figeac, 368. — Exécution du traité de Brétigny (1360), 377.

III. — Pancarte, 196. — Episcopat de Mgr de Beauvau, 198. — Pénitents blancs, 201. — L'hôpital, 202. — La peste, 204. — Le séminaire, 206. — Réparations à la cathédrale, 208. — Organisation du diocèse, avec carte, 235. — Dames de la foi et sœurs hospitalières, 382. — Soumission à Henri IV, 489.

IV. — Pierre tumulaire dans l'église des Pénitents, 32 et 422. — Monuments préhistoriques de l'arrondissement, du canton et de la commune, 94 et 102. — Dame Mathe d'Albret, 137. — Démembrement de la sénéchaussée, 176. — Hagiographie, 257-8. — Eglise protégée par Philippe-Auguste , 316. — Juridiction des évêques sur Castillonnès, 350.

V. — Les habitants combattent les Anglais, 101. — Prise par les routiers , 108 — Attaque par Gilbert de Dome, 264. — Hagiographie, 275. — Bastides élevées par les Anglais, 327. — Sceaux de deux abbés, 378. — Notes archéologiques de M. de Mourcin, 449.

VI. — Mission du P. Honoré, 36. — L'évêché convoité par le cardinal de Sourdis, 143 et 283. — Etats du Périgord, 187. — Lettre du chanoine de Gérard, 338. — Ses poètes, 360. — Sarlat et ses environs, 371.

VII. — Taxe de l'évêché, 59. — L'évêque Itier , 60. — Union du doyenné d'Issigeac, 62. — Premiers évêques, 65. — Portraits des anciens évêques, 181. — Monuments et gisements de l'âge de la pierre dans l'arrondissement, 198. — Sceau du chantre, 358.

VIII. — Des fourches patibulaires dans le Sarladais au xive siècle, 77. — L'évêque seigneur justicier de La Roque-Gageac , 144. — Bulles concernant l'église, 258. — Guerres anglaises, 419, et des protestants, 421. — Les Tard-venus, 435. — Laissez-passer délivré par Marchin, 469. — Aperçu de l'instruction publique avant 1789, 484.

IX. — Sceau de la confédération de la sénéchaussée de Sarlat, 46, et avec dessin, 513. — Docteur Duloin, consul, 244. — Les Récollets et le P. Dupuy, 260 et 384. — Vie de saint Sacerdos, 298. — Diverses pièces, 305 et 321. — Carte du diocèse, 378 et 395. — Histoire du Sarladais, 380, 406 et 476. — Nécrologue de la cathédrale, 403. — Sièges de la ville, 467 — Episcopat de François de Salignac, 473. — Saint Sacerdos, 480.

— De l'origine du monastère, 542. — Excommunication prononcée par l'évêque, 597.

X. — Jean Hardouyn, receveur des tailles en l'Election, 37. — Ouvrage de M. de St-Ours sur le Sarladais ancien et moderne, 40. Guy d'Aydie, évêque, 75. — Pierre de Bonald, évêque, 200. — Sceau de la communauté des perruquiers, 230. — Ancienne description, 246. — Bertrand de La Cropte, évêque, 277. — Armand de Gontaut et Pierre d'Itier, évêques, 280. — Jacques de Larmandie et Itier de Malayolles, évêques, 281. — Ancienne église Ste-Marie, 362. — Bertrand de Roffignac et Arnaud de Royard, évêques, 378-9. — Ravages de la peste, 393. — Pierre Botanelle le vieux, notaire, 463-5. — Création du présidial, 464. — Saint Sacerdos, 488. — Evêques de la maison de Salignac, 490. — Guillaume de Cendrieux, évêque, 492. — Sceau de la ville, et droit de chape, 579. — De l'emplacement du *monasterium Genoliacense*, 583. — Sépulcre de la famille de Beynac, 586.

SARLIAC, paroisse.

IV. — Jacques de St-Astier, seigneur, 161.

VIII. — Notes de voyages, 380.

SARRAZAC, paroisse.

III. — Vente et rachat de la seigneurie à Pierre Boucher, 270.

IV. — Notice historique, 184.

VI. — Forge de Fayolle, 68.

VII. — Tumulus, 194.

X. — Marquis de Rastignac, seigneur, 275.

SAULCY (DE), archéologue.

VIII. — Nécrologie, 93.

SAULNIER (famille DE).

II. — Persécutions révolutionnaires, 397.

V. — Jean, seigneur du Pleyssac, et Hélie, seigneur de La Barde de Creyssac, 127. — Manoir de Ferrières, 353.

SAUSSIGNAC, paroisse.

IX. — Seigneurie du marquis de Pons, 599.

SAUVAGE (H.), écrivain.

VI. — Un aumônier du roi Louis XV. L'abbé François-Odet d'Aydie, 412 et 480.

VII. —*Ibid.*, 210.

SAUVEBŒUF, château sur la Vézère.

IV. — Cercueil en pierre, 73.

SAVIGNAC-DE-NONTRON, commune.

X. — Ornement de cheminée à Labesse, 244.

SAVIGNAC-LÉDRIER, paroisse.

I. — L'abbaye, 93.

II. — Prieuré de femmes, 36.

IV. — Notice historique, 301.

SAVIGNAC-LES-EGLISES, commune.

IV. — Cromlech, 57. — Jacques de St-Astier, seigneur, 161.

V. — Vente de la seigneurie au sieur des Bories, 119.

VI. — Ancienne forge, 70. — Hélie de Chamberlhac, recteur, 106 et 273.

VIII. — Notes de voyages, 276 et 378. — Bas-relief à la porte du cimetière, 472.

SCORAILLES (Eustorge et Géraud DE), évêques de Limoges.
X. — Notices, 492-3.

SEGONZAC, commune.
IV. — Dolmen, 92.
VI. — Son église, 512.

SÉGUR, paroisse du Limousin.
III. — Vente de la seigneurie au sieur d'Escars, 281.
IV. — Communes du Périgord relevant de la châtellenie, 179. — Cour d'appeaux, 315. — Recouvrement de la châtellenie, 364. — Dépend de la vicomté de Limoges, 368. — Acensements faits par Alain d'Albret, 442.
V. — Les appeaux, 200.
VI. — Cession de la terre, 154.
VII. — Divers documents, 498 et suiv.

SÉGUR (Jean-Charles DE), évêque de St-Papoul.
X. — Notice, 493.

SEGUY (famille).
III. — Concession de tombeaux dans l'église de St-Front, 318.
V. — Hélie acquiert une rente sur des tenances du Chapdeuil, 297.
VII. — Possessions à Paussac, 464.
IX. — Chapelle St-Barnabé, 557.

SENCENAC-PUY-DE-FOURCHES, commune.
IV. — Dolmen, 52.

SERGEAC, commune.
IV. — Gisements préhistoriques, 100.
V. — Stations et gisements préhistoriques, 405 et 409.
VII. — La station préhistorique des Roches, 110. — Gisements de l'âge de la pierre, 199.
X. — Commanderie, 343.

SERVANCHES, paroisse.

VII. — Revenus du comte de Périgord, 333. — Donation de la seigneurie, 500.
X. — Abjuration du calvinisme par Louis de Morel, 475.

SEVIN (Nicolas DE), évêque de Sarlat.
VII. — Son testament, 354.

SIMEYROLS, commune.
IV. — Silex, 96.

SINGLEYRAC, commune.
IV. — Dolmen, 44.
IX. — Anciennes sépultures, 207.

SIORAC-DE-BELVÈS, commune.
IV. — Curiosités archéologiques, 445 et 447.
VII. — Bertrand d'Abzac, seigneur, 124.

SIORAC-DE-RIBÉRAC, commune.
IV. — Dolmen, 94.

SIREUIL, commune.
IV. — Gisements préhistoriques, 100.

SOCIÉTÉ ARCHÉOLOGIQUE DU PÉRIGORD.
I. — Sa fondation, 5. — Liste des membres fondateurs, 7. — Statuts, 15. — Séance d'installation, 19. — Election de son premier bureau, 30. — Explication de son sceau, 32. — Questionnaire archéologique, 228.
II. — Note sur le procédé à la manière blanche pour estamper les inscriptions, 349 ; procédé à la manière noire dont les résultats sont plus rapides, plus simples, mais moins nets, 350.
III. — Protestation contre la démolition de la tour Mataguerre à Périgueux, 385 et 414.
IV. — Table analytique des *Bulletins*, 219. — Regrets à la mort de Lafon-Labatut, 314.
V. — Subvention du conseil géné

ral de la Dordogne, 306.

VI. — Vœux pour le retour des archives françaises emportées en Angleterre après la guerre de Cent-Ans, 29. — Médaille et prix de 1,000 francs, accordés par l'Etat, 102. — Don de la bibliothèque de M. des Moulins, 183. — Eloge de la Société lu en Sorbonne, 194 ; récompenses, 198 et 278. — Allocation de 500 francs accordée par le Ministre de l'Instruction publique, 377.

VII. — Contribue à la publication de la *Sigillographie du Périgord*, 28. — Excursions archéologiques, 41. — Allocation de 400 francs accordée par le Ministre, 354. — Première excursion archéologique, 440.

IX. — Programme du Congrès de la Sorbonne, 420. — Droit de propriété littéraire, 423.

X. — Congrès de la Sorbonne, 129. — Délégation à la Sorbonne, 228. — Table décennale de la collection du *Bulletin*, 354. — Programme du congrès de la Sorbonne, 469.

SOLMINIHAC (Arnaud et Alain DE), abbés de Chancelade.

VI. — Attestation en faveur de la famille de Lambertie, 253 et 315.

VII. — Réparations à Chancelade, 380-2.

IX. — Notice sur Alain, 223 et 350. — Vie d'Alain, 501.

X. — Notice sur Alain, 493.

SORGES, paroisse.

III. — Chanson patoise, 28 et 167.

IV. — Caverne, 57.

SOUILLAC, abbaye.

VIII. — Hector de St-Georges, abbé, 468.

SOUILLAC (Jean-Georges DE), évêque de Lodève.

X. — Notice, 494.

SOURDIS (François DE), archevêque de Bordeaux.

VI. — Sollicite l'évêché de Sarlat, 143 et 283.

VII. — Lettre d'Anne de Bruzac, abbesse des Clarisses de Périgueux, 180.

SOURZAC, paroisse et prieuré.

I. — Liste des prieurs, 278.

II. — Abbaye, 287. — *Id.*, 366.

IV. — Silex, 93.

VI. — Charte-notice concernant l'abbaye, 222.

VIII. — Château gaulois, 452.

SULPICE-SÉVÈRE, historien.

VI. — Né à St-Sulpice-d'Excideuil, 197.

T

TAILLEFER (Wlgrin DE), auteur des *Antiquités de Vésone*.

I. — Notice sur sa vie et appréciation de son œuvre, 25-6.

III. — Lettre sur les fortifications gauloises, 105.

IV. — Lettre de M. le comte de Clermont-Toucheboeuf, 445.

V. — Vœux pour la conservation des monuments du Périgord, 163.

VI. — Projets de réunion du Louvre aux Tuileries, 100.

IX. — Antiquités de Vésone, 187.

X. — Lettre du comte de Bourzac, 112.

TALLEYRAND-PÉRIGORD (famille DE).

II. — Propriétaire de la terre d'Excideuil, 237.

III. — Marquis d'Excideuil, 89. — Seigneurs de Grignols, 430.

V. — Les comtes et la navigation de l'Isle, 71 et 76.

VI. — Comtes de Périgord, 156 et suiv. — Généalogie, 296.

VII. — Comtes de Périgord, 218 et suiv. — Hélie, seigneur de Grignols, 234. — Jean, prince de Chalais, 235. — Comtes, 335 et suiv. ; 489 et suiv.

IX. — Ville de Montignac, 330.

X. — Psautier ayant appartenu à Brunissende, dame de Parthenay, 34. — Généalogie, 135. — Évêques, 495.

TALLEYRAND-PÉRIGORD (Hélie DE) , cardinal au XIVe siècle.

III. — Son épitaphe, 20, 25, 35-42. — Sa sépulture, 121, 125, 300.

IV. — Fonde 12 chapelleuies à Saint-Front de Périgueux, 135. — Fondation à Toulouse du collège de Périgord , 367. — Héritier de Jeanne de Périgord, dame de Lavardac, 379. — Prête de l'argent à un marchand périgourdin, 380. — Codicille, 380.

V. — Achève la chartreuse de Vauclaire, 71.

VI. — Acquiert le château d'Auberoroche, 153. — Propriétaire de la châtellenie de Bourdeille, 158.

VII. — Notes du char ine de Gérard, 66. — Son inhumation à Périgueux, 97 et 103. — Collège de Périgord, 183. — Inscription de Rome, 259 et 264. — Fondation d'une chapellenie à St-Front,

et lettres de Charles, dauphin, 346.

VIII. — Collège de Périgord, 483.

IX. — Rapports avec l'abbaye de Chancelade, 130.

X. — Notice, 495.

TALLEYRAND-PÉRIGORD (Alexandre-Ange DE), archevêque de Reims.

X. — Notice, 495.

TALLEYRAND-PÉRIGORD, homme d'Etat.

II. — Projet de décret sur le serment des prêtres et les édifices religieux, 90.

V. — Evêque d'Autun, 299.

X. — *Ibid.*, 495.

TALPIN (Jean), chanoine de Périgueux.

V. — Principal du collège ; son livre, 35. — Procès canonique entre le chapitre et l'abbé Prade au sujet de sa succession, 132.

TAMIZEY DE LARROQUE, membre correrespondant de la Société archéologique du Périgord.

III. — Une lettre inédite de Brantôme, 42. — Nommé officier d'académie, 194. — Deux lettres inédites de Philibert de Brandon, évêque de Périgueux, 314.

IV. — Lettre inédite du sieur de Borie, au roi Charles IX, 161. — Lettre de M. de Lardimalie à Henri IV, 405.

V. — Une lettre inédite du R. P. Frizon à Baluze, 329.

VI. — Billet inédit du cardinal de Sourdis relatif à l'évêché de Sarlat, 143. — Chevalier de la Légion d'Honneur, 198. — Deux lettres inédites de M. de Lauson, 473.

VII. — De l'origine de Ranconnet,

13

145. — Deux documents périgourdins de la bibliothèque du Louvre, 294.

VIII. — Le père Cortade, 183. — Une lettre inédite de Jean de Lingendes, évèque de Sarlat, au chancelier Séguier, 257. — Récit de l'assassinat du baron de Pardaillan et de la prise de Monheurt, 271.

X. — Deux lettres inédites de M. de Verthamon sur les troubles du Périgord eu 1635, 384.

TAMNIÈS, commune.

IV. — Silex, 102.

TARDE (le chanoine), historien du Périgord.

III. — Son histoire du Sarladais, 116.

IV. — Son livre : *Les astres de Borbon*, 27, 151. — Observations au sujet du même ouvrage, 169.

VIII. — Né à La Roque de Gajac, 429.

IX. — Historien du Périgord, 72. — Note le concernant, 83. — Notice historique et littéraire, 371. — Opinion sur les dolmens, 427. — Lettres de nomination à la charge d'aumônier ordinaire d'Henri IV, 489. — Récépissé d'écrits de lui et d'autres auteurs, 491. — Son testament, 495. — Manuscrit original de ses chroniques, 539.

TARDE (Jean), curé de St-Amand-de-Belvès.

VIII. — Note sur ses écrits, 430.

IX. — Notice historique, 399.

TARDE (G), membre de la Société archéologique du Périgord.

IV. — Observations au sujet des Astres de Borbon du chanoine Tarde, 169.

VI. — *Contes et poëmes*, 91. — Rapport sur ses *Contes et poëmes*, 353.

VIII. — Monographie de La Roque de Gajac, avec plan, 123. — *Ibid.*, avec dessin, 198, 303 et 412.

IX. — Représente la famille de Jean Tarde, 372. — Consultation sur un mariage mixte, 597.

X. — Violation du sépulcre de la famille de Beynac, 586.

TAYAC, paroisse.

III. — Hommage au roi de Navarre, 265.

IV. — Eglise du XIIᵉ siècle, 31. — Monuments préhistoriques, 100. L'église, avec dessins, 351.

VII. — Pons de Beynac, seigneur, 124.

Voir au mot : *Laugerie-Basse et Haute*, ce qui concerne les stations préhistoriques de cette paroisse.

TEILLOTS, commune.

IV. — Dolmen, 54.

TEMNIAC, paroisse.

V. — Garnison sarladaise, 109.

VII. — Temporalité de la seigneurie de l'évêché de Sarlat, 64.

TEMPLE (ordre du).

III. — Commanderie de La Faye, près de Jumilhac, 467.

IV. — Introduction de l'ordre par Geoffroi de Cauze, évêque, 160. — Etablissement dans la paroisse d'Angoisse, 188.

V. — Château de Verginas, paroisse de Vaunac, 336.

IX. — Concession de l'église d'Andrivaud, 120.

X. — Notes historiques, 342. — Possessions à Brassac et Biras, 471. — Souvenirs à Cherveix, 572.

TERRASSON, paroisse et abbaye.

    I. — Liste des abbés, 287.

    II. — Sceaux d'abbés, 367.

    IV. — Monuments préhistoriques du canton et de la commune, 102-4. — Vente de la châtellenie, 135. — Notes de M. de Mourcin, 211˙ — Possessions de Guinot de Feletz, 435.

    VI. — Cession de la terre, 154.

    VII. — Vente de la seigneurie, 219. — Biens de mainmorte et fiefs nobles du canton, 239, et de la paroisse, 245. — Hugues de La Roche, abbé, et le seigneur de Montfort, 500.

    VIII. — Cluseau et fossile, 184. — Plaque de cheminée, 187.

    IX. — Borne de juridiction, 218.

    X. — Sceau du duché de Noailles, 350.

TEYJAT, commune.

    IV. — Dolmen, 51 et 153.

    VI. — Demi-dolmen, avec dessin, 259.

TEYSSIÈRE (famille DE).

    IV. — Seigneurs de Bellessise, paroisse de Sarlande, 181 ; seigneurs de Beaulieu (Lanouaille), 284.

    VI. — Jean, seigneur de Beaulieu, 155.

THENON, paroisse.

    I. — Son château, 248.

    IV. — Assemblée des nobles de Limousin pour prendre la place, 441.

    V. — Arnaud d'Autefort, seigneur, 120.

VII. — Enquête sur la châtellenie, 500-1.

THIVIERS, ville et paroisse.

    I. — Églises dépendant de l'archiprêtré, 354 et 372.

    II. — Monnaie mérovingienne frappée à Thiviers, 49.

    III. — Documents sur la châtellenie, 264 et suiv. — Obligation pour bâtir une halle, 287.

    IV. — Silex, 51. — Dépend de la vicomté de Limoges, 368. — Permission de chasse aux habitants, 431. — Acensements faits par Alain d'Albret, 442.

    V. — Monastère des Récollets, 35. — Essai historique sur le canton et la commune, 45 et suiv., 186, 334 et 420.

    VI. — Attaque des Calvinistes, 250.

    VII. — Autel privilégié dans la chapelle des Récollets, 209. — Divers documents, 501 et suiv.

    IX. — Château de Vaucocourt, avec dessins, 560. — Château de Planeaux, 566.

    X. — Cheminée de Planeaux, 121. — Vaucocourt et Planeaux, 499.

THOMAS (Pierre), bienheureux.

    IX. — Enquête sur sa naissance, 484.

    X. — Notice, 496.

THONAC, paroisse.

    III. — Vente à Jean de Losse, 265. — Rachat de cette seigneurie, 273. — Revente, 275.

    V. — Stations et gisements préhistoriques, 388-391.

    VII. — Gisements de l'âge de la pierre, 199.

    IX. — Fondation d'une mission, 214.

Tison (Pierre), évêque de Périgueux.

II. — Ses armes sur la pierre de Sainte-Augùtre, 363.

IV. — Suzerain de la terre de Lisle, 267.

IX. — Pierre de St-Augùtre, 216 et 558. — Armoiries, 560.

Tocane-St-Apre, commune.

II. — Dolmen de Margos, 24. — Curiosités historiques, 36. — Souterrain du château de Fayolle, 37. — Monument de Margos, 151.

III. — Description du monument de Margos, 456.

IV. — Sépultures anciennes, 73. — Monuments préhistoriques, 92. — Curiosités archéologiques, 148.

VI. — Mort du Dr Moreau, maire, 102. — Substructions mises à découvert par l'établissement de la voie ferrée, 448. — Pierre levée de Margot, 512.

VII. — Objets mérovingiens, 30. — Four de boulanger romain, 32.

VIII. — Documents offerts par M. Labonne-Laroche, 290. — Anciens instituteurs, 488.

IX. — Fragment d'une statue en marbre, 43 et 85. — Famille Moreaud, 190. — Projet de carte archéologique, 209. — Calice d'Alain de Solminihac à Fayolle, 243.

Touchebœuf-Beaumont (Jean-Antoine de), évêque de Rennes.

X. — Notice, 198.

Touchebœuf-Beaumond (Comte de), membre de la Société archéologique du Périgord.

IX. — Sa mort, 307. — Nécrologie, 413.

Tourny (Aubert de), intendant de Guienne.

V. — Son administration, 146.

VI. — Epître de La Grange-Chancel, 65.

Tourtel (famille de).

III. — Un de ses membres fait le pèlerinage de Verdelais en 1702, 394.

Tourtoirac, paroisse et abbaye.

I. — Liste des abbés, 279.

III. — Frenon Hélias, abbé, 430.

IV. — Caverne solutréenne, 54. — Hommage de l'abbé Jourdain au comte de Périgord, 372.

V. — Sceaux de deux abbés, 378.

VII. — Pierre Viguier, abbé, 499. — Deux documents, 503.

VIII. — Notes archéologiques, 179.

X. — Jean-Hélie de Colonges, abbé, 369. — Concordat avec le prieur d'Aureil, 574.

Tranchart (du), gentilhomme de la Chambre.

IV. — Don de biens confisqués et nomination au grade de capitaine commandant dans le régiment de Ribérac, 323.

Trélier, syndic de Bergerac.

IV. — Traducteur des statuts et coutumes de Bergerac, 63.

Trélissac, commune.

IV. — Monuments préhistoriques, 55. — Hommage au comte de Périgord, 364-5.

V. — Château de la famille Magne, 286.

VII. — Transaction sur la justice, 503.

Trémolat, paroisse et prieuré.

I. — Liste des prieurs, 280.

TRIGONAN, ancienne paroisse.

VII. — Bernard du Puy, seigneur, 378.

X. — Armoiries de la famille du Puy, 360.

TRONCHE (Alfred), membre de la Société archéologique du Périgord.

IV. — Nécrologie, 308.

TURGOT, ministre.

II. — Lettre à Leydet, 268.

TURSAC, commune.

IV. — Gisements préhistoriques, 100.

V. — Prise par les Anglais, 101.

VI. — Prieuré de l'ordre de Grandmont, 244.

U

URVAL, bourg et commune.

III. — Ancien camp romain et grosses pierres, 187.

IV. — Dolmen, 43. — Retraite gauloise, 80. — Curiosités archéologiques, 445.

V. — Construction de Castel-Réal, 327.

VII. — Ruines d'une chapelle, 430.

V

VAAST (saint), évêque d'Arras.

X. — Notice, 489.

VAINES (dom DE), écrivain.

VIII. — Epître dédicatoire au ministre Bertin, 449.

VALBRUNE (Ivan DE), membre de la Société archéologique du Périgord.

II. — La Guyane française, 142.

IX. — Souterrain de Pey-du-Rap, 324.

VALBRUNE (Jean, de Belair), abbé de Chancelade.

IX. — Notice historique, 359.

VALEN (famille DE).

IX. — Son sceau, 320.

VALEUIL, paroisse.

I. — Archiprêtré, paroisses en dépendant, 355 et 373.

VALLEREUIL, commune.

IV. — Souterrain des Fourceyries, 23. — Cromlech, 93.

VALOJOUX, commune.

VII. — Silex taillés, 199. — Rachat de la paroisse, 504.

VANXAINS, paroisse.

I. — Archiprêtré, paroisses en dépendant, 363.

III. — Inscription dans l'église, 30.

IV. — *Ibid.*, avec fac-simile, 58. — Silex, 94.

V. — Inscription de l'église, 29.

X. — Alignement des Grosses Pierres, 459.

VARENNES, paroisse.

X. — Rapports avec La Linde, 528.

VARS (famille DE).

III. — Co-seigneurs de Jumilhac, 346.

VASSAL (famille DE).

II. — Droit de justice et domaine sur La Linde, 167.

X. — Antoinette, prieure de Beaulieu, 343.

VASSAL (Fortanier DE), cardinal.

X. — Notice, 498.

VASSAL (Godefroi DE), archevêque de Lyon.

X. — Notice, 498.

VASSEUR (Charles), inspecteur de la Société française d'archéologie.

II. — Cinq brochures de sa composition, 24.

VAUCLAIRE, abbaye.

I. — Charte de Louis XI, 394.

II. — Rente due aux Chartreux sur le château de la Lune, 134.

IV. — Hélie de Sers, prieur, 380.

V. — Chartreuse achevée par le cardinal de Périgord, 71.

VII. — Divers titres, 334. — Armoiries, 357 et 428. — Transaction sur la possession de la paroisse de St-Martial, 495.

VIII. — Droit de pêche de la Chartreuse, 445.

IX. — Association spirituelle avec Chancelade, 354.

VAUCOCOUR (famille DE).

IV. — Fiefs dans la paroisse de Sarrazac, 186. — Hommage au comte de Périgord, 367.

V. — Notes généalogiques, 49 et 62.

VI. — Nobles de la châtellenie d'Excideuil, 166.

VAUNAC, commune.

V. — Essai historique, 334.

VÉLINES, paroisse.

I. — Archiprêtré, 368.

VIII. — L'archiprêtre Arnaud de Cervole, 120.

X. — Thermes romains, 475.

VENDOIRE, paroisse.

II. — Château de la famille de Villedeuil, 86.

III. — Vente au sieur de Lageard, 263.

IV. — Familles de Raymond et de La Cropte, 274.

X. — François-Isaac de La Cropte, seigneur, 277.

VERDON, paroisse.

X. — Rapports avec La Linde, 528.

VERGT, paroisse.

I. — Inscription de sa cloche, 394

II. — Bataille gagnée par le duc de Montpensier, 76.

III. — Note sur la bataille de Vergt, 95.

IV. — Silex, 58. — Hommage au comte de Périgord, 364 et 366. — Au comte de Périgord, 368. — Marie Seguin, seigneur, 373.

V. — Vente de la paroisse à Jean d'Abzac, seigneur de Ladouze, 119. — Notes archéologiques de M. de Mourcin, 156, 227 et 289.

VII. — Pierre d'Abzac, seigneur, 121. — Divers documents, 504.

VERNEILH (Félix DE), archéologue.

III. — L'église du Grand-Brassac, 15.

IV. — Ses opinions sur la cathédrale de St-Front de Périgueux, 122.

VERNEILH (baron DE), vice-président de la Société archéologique du Périgord.

II. — La porte du château de Puyguilhem, 318. — Extraits du terrier du monastère de St-Pardoux-la-Rivière, 323. — Les girouettes du château de Jumilhac, 415.

III. — Le château de La Chapelle-Faucher, 319.

IV. — La Chambre de justice à Périgueux en 1583, 115. — L'église de Tayac, avec dessins, 351.

V. — Nécrologie sur Mme la marquise de Chabans, 448.

VI. — Notice sur les anciennes forges du Périgord et du Limousin, avec dessins, 52. — Eloge de l'écrivain, 104. — Causeries archéologiques, avec dessins, 458.

VII. — Rapport sur son mémoire : De l'avènement des nouvelles couches sociales sous l'ancien régime, 87.

VIII. — Causeries archéologiques, avec dessins, 82. — *Ibid.*, avec dessins, 264. — Un dernier mot sur le château de Puyguillem , 327. — Causeries archéologiques , avec dessins, 473.

IX. — La date de St-Front de Périgueux, 440.

X. — La date de St-Front, 48. — Le château de Puyguilhem, avec dessin, 106. — L'église de Bussière-Badil et le château de Laxion, avec dessins, 364.

Vernh, châtellenie.

VII. — Sa vente au seigneur de La Douze et de Reillac, 372.

Vernoy (Antoine et Gilbert) , imprimeurs à Bergerac.

IV. — Le pèlerin d'amour, 83. — Le vœu de Jacob, 151.

VI. — La Dodécade de l'Évangile, 108.

VIII. — Trois ouvrages calvinistes, 108. — Défiance de la religion réformée, 385.

IX. — Mission des pères Récollets, 269. — Edition de Catulle, Tibulle et Properce, 531.

X. — Marque de libraire , 451 et 454.

Verteillac, paroisse.

I. — Vase trouvé dans un tombeau, 390.

IV. — Monuments préhistoriques de la commune et du canton , 94 et 397.

V. — Jean de Salagnac , seigneur, 124. — Nomination de collecteurs et syndics, 222.

VI. — Odet Le Long à La Meyfrenie, 145.

VII. — Dolmen , 197. — Fondation d'une école primaire par la famille de La Brousse, 275. — Transfert du cimetière, 432.

VIII. — Ancienne école, 489. — Bourgeois de Périgueux exemptés d'impôts sur le rôle de la paroisse, 492.

Verthamon (François de), intendant de l'armée de Guyenne.

X. — Lettres sur les troubles du Périgord en 1635, 384.

Vésone, cité des Pétrocores.

I. — Sa tour et ses arènes, 145.

II. — Construction et décoration du portique du temple de Vésunna, déesse tutélaire , 45. — Vases gallo-romains, 61. — Figure panthée de Diane, 62. — Temple de Vésunna, 247. — Divinité panthée, 280.

III. — Culte de Diane, 115-6. — Monnaies d'or et d'argent, 507.

IV. — Explication du mot *Cacarotas*, donné aux arènes, 86. — Autel élevé à Tibère par les bouchers, 157. — Projet de fouille aux arènes, 322. — Résultat des fouilles de l'amphithéâtre , 390. — Tour et arènes, 397.

V. — Inscription où il est question des *Primiani*, 89 et 176. — Ses restes au XVIIe siècle , 305. — Culte de Cybèle , inscription inédite, 316. — Cité libre des *Petrucorii*, 362.

VI. — La figure panthée de Diane, 92. — Noms de potiers et marques de fabrique sur les vases gallo-romains du Musée, 297. — Pierres et colonne , 378. — Tam-

bour de colonne, avec dessins,
390. — Monnaies romaines , 448
— De l'association du culte de
Vésunna et de Tutela, 452.

VII — Sigle de potier arverne, 95. —
Famille Scribonia , 268. — Ses
antiquités, 277. — Pierre servant
de cachet, 358. — Monnaies, 436.

VIII. — Fer à cheval , 184. — Jouet
d'enfant , 196. — Bas-relief en
marbre, 197. — Les Pompéiens,
198. — Divers objets, 286. — Ses
écoles, 480.

IX. — Autel en l'honneur d'Apollon
Cobledulitave, 80. — Berceau de
Périgueux, 186. — Inscriptions lapidaires, 294, 414 et 515. — Découverte de divers objets, 304. —
Amphithéâtre, 438.

X. — Monuments , 232. — Inscription relatant les *Petrucorii*, 234.
— Etablissements au Puy-Saint-
Front, 350. — Ecrits du chanoine
de Gérard sur les antiquités, 464.

VÉTAT (famille DE).

IV. — Fief de Chandoré, paroisse de
Nanthiat.

VEYREL (DE), seigneur de La Jarthe.

I. — Son livre-registre, 66.

VEYRINES (famille de).

II. — Ses armoiries, 246.

VÉZAC, commune.

IV. — Monuments préhistoriques, 102.

VI. — Notes de M. de Mourcin, 180.

VIII. — Les Tard-Venus, 435.

VÉZÈRE, rivière.

V. — Etablissement d'un pont, 90.

VI. — Stations préhistoriques, 205.

IX. — Passage par les troupes de
Coligny, 340.

VICQ, bourg et paroisse.

II. — Cercueils en pierre, 153.

X. — Rapports avec La Linde, 528.

VIDAL (chevalier), maire de Périgueux.

I. — Réunit les sceaux de la ville et
de la Cité, 312.

VIEUX-MAREUIL, paroisse.

I. — Archiprêtré, 367.

VIII. — Grotte, 285.

VIGNAUD (colonel DU), membre de la Société archéologique du Périgord.

VII. — Sa mort, 353.—Nécrologie, 413.

VILLAC, paroisse.

VI. — Procès entre la vicomtesse de
Limoges et Gui d'Aubusson , seigneur, touchant les limites, 157.

VII. — Actes relatifs aux dimes, 102.
Biens de mainmorte, 244. — Biens
nobles, 247. — Procès touchant
la juridiction , 505. — Notes de
voyages, 507.

VIII. — Pierre du bénitier, 467.

IX. — La pierre du bénitier et le plateau du Chalard, avec dessin, 56.

VILLADEIX, archiprêtré.

I. — Eglises en dépendant, 352.

VILLAMBLARD, paroisse.

I. — Archiprêtré, 369.

IV. — Dolmen et silex, 48. — Cuves
baptismales dans l'église, 86. —
Notes de M. de Mourcin, 447.

V. — Cluseau de Monfaucon, 375.

VI. — Forge de la Rigaudie, 68.

IX. — Troubles en 1653, 436.

VILLARS, commune.

II, V, VI. — Voir au mot : *Puyguilhem*.

VII. — Monuments et gisements de
l'âge de la pierre, 193. — Droits
et rentes à la maison de Magnac,
231. — Statue dans une fontaine,
430. — Excursion archéologique,
443.

VIII. — Puyguilhem. 119

X. — *Ibid.*, avec dessin, 106.

VILLEDO (famille DE).

X. — Guillaume épouse la fille de Jean Hardouyn, receveur des tailles de Sarlat, 37.

VILLEFRANCHE-DE-BELVÈS, paroisse.

III. — Souterrain, 299.

IV. — Monuments, préhistoriques de la commune et du canton, 104-5.

VILLEFRANCHE-DE-LONCHAPT, paroisse.

III. — Vente au seigneur de Cantaloup, 286.

VII. — Excavation dans le cimetière, 94. — Visite archéologique, 248. — Le moine Aimoin, 439.

VIII. — Ne peut être la villa *ad Francos*, 281 et 387.

VILLENEUVE, paroisse de l'Aveyron.

II. — Son église du St-Sépulcre, 191.

VILLEPELET (F.), archiviste de la Dordogne.

I. — Une lettre inédite de Mgr Christophe de Beaumont, 334.

II. — Papiers provenant du château de Salagnac, 35. — Le Périgord au musée des Archives nationales, 68. — Plainte d'un maître perruquier de Périgueux, 443.

III. — Le Périgord aux Archives des Basses-Pyrénées, 254 et 429.

IV. — *Ibid.*, 134, 363 et 429.

V. — *Ibid.*, 117. — Le vray pourtraict de la ville de Périgueux en 1575, 220.

VI. — Le Périgord aux Archives des Basses-Pyrénées, 149.

VII. — *Ibid.*, 216, 329 et 488.

IX. — Inventaire sommaire des Archives départementales de la Dordogne, 607.

VILLEPREUX (Louis DE), membre de la Société archéologique du Périgord

V. — Rapport sur son ouvrage : Eléonore de Guyenne, 360.

VILLERS (Cyrus DE), évêque de Périgueux.

II. — Son entrée, hommage du maire, 260.

VILLETOUREIX, paroisse.

IV. — Silex, 94.

VI. — Cluseau, 185.

VIII. — *Ibid.*, 282.

VINCENT-DE-PAUL (saint).

I. — Sa venue en Périgord, 80. — Lettre sur la mort de Mgr de Brandon, 168.

III. — Motif qui a pu conduire ce saint en Périgord, 384.

IX. — Lettre au R. P. Garat, 352.

VITABRE (Arnaud DE), évêque de Périgueux.

IV. — Notice du P. Labbe, 159.

VITRAC, commune.

IV. — Monuments préhistoriques, 102.

VI. — Prieuré de l'ordre de Grandmont, 245.

VII. — La destruction du château, 368.

VIII. — Notes historiques sur le château, 51. — Famille de Montesteva, 189.

IX. — Papier timbré des registres paroissiaux, 429.

VIVANS (sieur DE), gouverneur de Périgueux.

III. — Ses gages, 432.

VIII. — Prise de Sarlat, 422.

IX. — Prise de Montignac, 342.

VIVANS (Jacques DE), sieur de Launay, poète.

VIII. — Ses écrits, 49 et 189.